Heinz Ryborz

Herausforderung Angst

Heinz Ryborz

Herausforderung Angst

Ängste verstehen und überwinden

mvg

Die Deutsche Bibliothek – CIP-Einheitsaufnahme

Ryborz, Heinz:
Herausforderung Angst : Ängste verstehen und überwinden /
Heinz Ryborz. – 2. Aufl. – Landsberg am Lech : mvg-verl., 1998
(mvg-Paperbacks ; 548)
ISBN 3-478-08548-9
NE: GT

2. Auflage 1998

Das Papier dieses Buches wird möglichst umweltschonend hergestellt und ist chlorfrei gebleicht.

Umschlaggestaltung: Gruber & König, Augsburg
Satz: Fotosatz H. Buck, Kumhausen
Druck- und Bindearbeiten: Presse-Druck Augsburg
Printed in Germany 080 548/3983802
ISBN 3-478-08548-9

Inhalt

Kapitel 2
Die schädlichen Angstabwehrmechanismen 41

Kapitel 3
Die verschiedenen Ängste 63

Kapitel 1

Eine neue Sicht der Angst

Angst als Grundelement des Lebens

Die Angst ist ein Bestandteil unseres Lebens, in den verschiedensten Abwandlungen begleitet sie uns von der Geburt bis zum Tod. In der Geschichte der Menschheit sind schon zahlreiche Versuche unternommen worden, die Angst zu vermindern oder ganz zu überwinden. Angst stellt ein unerschöpfliches Thema dar.

Dieses Buch beinhaltet eine neue Auffassung über die Angst. Angst ist eine Unordnung im Bewußtsein, die sich als Folge einer vermeintlichen oder tatsächlichen Bedrohung des Menschen einstellt. Der Druck der Angst bewirkt, daß wir uns mit ihr auseinandersetzen und unser Bewußtsein zu höheren Komplexitäten entwickeln. So ist die Angst der treibende Faktor für die Entwicklung des einzelnen Menschen und für die Evolution der gesamten Menschheit. Deshalb gehört sie zu unserer Existenz. Es ist eine Illusion zu glauben, wir könnten sie völlig überwinden.

Das Buch will Ihnen helfen, das Phänomen der Angst besser zu verstehen und Gegenkräfte zu entwickeln, um sie immer wieder neu zu besiegen. Die Angst existiert unabhängig von der Kultur eines Volkes. Die Fortschritte der Wissenschaft und Technik haben bereits sehr viele Angstauslöser und gewisse Ängste beseitigt – so bewirkt eine Sonnen- und Mondfinsternis keine unguten Gefühle mehr, da wir wissen, durch was sie verursacht wird –, dafür sind aber wiederum andere Ängste entstanden: die Angst vor Verkehrsunfällen, vor dem Atomtod, vor Aids und dem Alter, um nur einige Beispiele zu nennen.

Wir leben in einer Zeit, in der sich große Veränderungen mit erheblicher Geschwindigkeit vollziehen. Alles wird sich zukünftig noch schneller ändern. Die Zukunft wird immer mehr chaotische Züge annehmen. Zwar hat es eine Sicherheit im Leben nie gegeben und sie wird auch nicht möglich sein, aber die schnellen Veränderungen steigern die Ungewißheit des Lebens noch mehr. Die Menschen reagieren darauf mit großer Angst.

Das Gefühl der Angst wird schon durch den Namen näher erläutert. Abgeleitet vom lateinischen Wort „angustus" bedeutet Angst „Beengtheit".

Das Leben eines jeden Menschen erfährt in der Angst eine Einengung und ist gleichzeitig eine Erregungsform des Lebensgefühls, das auch in den leiblichen Gefühlen des Herzklopfens und der Pulsbeschleunigung erlebt wird. So sehr auch die Angst verbreitet ist, jeder erlebt seine eigene individuelle Angst trotz aller Gemeinsamkeiten des Angsterlebnisses. Die Angst ist genauso eine Abstraktion wie die Liebe oder der Tod.

Nicht nur der Mensch, auch das Tier empfindet Angst bei einer Bedrohung. Angst tritt auch immer dann auf, wenn wir uns in einer Situation befinden, der wir nicht oder noch nicht gewachsen sind. Alles, was wir noch nicht können oder kennen, löst Angst aus. So stellt alles Neue und Unbekannte einen Angstauslöser dar. Es gibt nahezu nichts, vor dem ein Mensch nicht Angst entwickeln kann.

Früher wurde zwischen Angst und Furcht unterschieden. Die Wissenschaftler meinten, man solle besser von Furcht als von Angst sprechen, wenn das Objekt oder die bedrohliche Situation bekannt sei. Die klare Eingrenzung der Angst mag zwar einfach sein, wenn es sich zum Beispiel um die Furcht handelt, einen Vortrag zu halten. Wenn sich aber eine Mutter um ihre Kinder ängstigt, kann sie Angst vor den unterschiedlichsten Ereignissen haben. Da es oft sehr schwer ist, zwischen Furcht und Angst zu trennen, will ich im folgenden immer nur den Begriff Angst verwenden. Wer sich seinen Ängsten nicht stellt und sich mit ihnen nicht auseinandersetzt, wird feststellen, daß seine allgemeine Bereitschaft zur Angst zunimmt. Wenn Sie die Unordnung in Ihrem Bewußtsein nicht wieder in Ordnung bringen können, werden im Laufe der Zeit immer kleinere tatsächliche oder eingebildete Bedrohungen Unordnung in Ihrem Bewußtsein auslösen. Es findet mit der Zeit ein Übergang von der spezifischen Angst zu einer diffusen beziehungsweise freischwebenden Angst statt. Es entwickelt sich eine Neigung, leicht in den Angstzustand zu verfallen.

Die Bereitschaft zur Angst ist bei labilen und sensiblen Menschen größer als bei ausgeglichenen und robusten. Und wer nicht ausreichende Erholung hat, verfügt nicht über genug Nervenkraft, die Bereitschaft zur Angst wächst.

Ausdauersport wirkt sich nicht nur auf das Wohlbefinden aus, Joggen beeinflußt ebenso die seelische Ausgeglichenheit positiv, die Bereitschaft zur Angst nimmt ab.

Da Krankheit, Alter und Tod unvermeidbare Ereignisse für einen jeden Menschen sind, werden durch diese Bedrohungen des Ichs tiefste Ängste ausgelöst, die ich als Urangst oder Existenzangst bezeichnen will. Denn der Tod bedroht nicht nur das Ich, er löscht es sogar aus.

Die ägyptischen Pharaonen, die römischen Kaiser, die Borgias und andere haben das Problem der menschlichen Existenz zu lösen versucht, indem sie den verzweifelten Versuch unternahmen, die Grenzen der menschlichen Existenz zu überschreiten. Sie handelten so, als ob es keine Beschränkungen für ihre Machtgier und Begierden gab. Sie töteten viele Menschen, errichteten überall ihre Paläste und schliefen mit zahllosen Frauen. Sie wollten das menschliche Problem auf die Weise lösen, daß sie vorgaben, ein Gott und somit nicht menschlich zu sein. Aber je größer das Streben eines Menschen ist, eine Art Gottheit darzustellen, um so mehr isoliert er sich von den Mitmenschen. Diese Isolation löst eine zunehmende Angst aus, denn jeder wird als Feind betrachtet. Um mit der Angst fertigzuwerden, muß er seine Macht und seine Unmenschlichkeit vergrößern.

In der heutigen Zeit empfinden nicht wenige Menschen bereits Passivität als Ohnmacht und Bedrohung. Viele Menschen versuchen, das Gefühl des Ausgeliefertseins und der eigenen Vergänglichkeit so zu besiegen, daß sie es auf konkrete Objekte projizieren.

Der Autorennfahrer Niki Lauda gab in einem Zeitungsinterview zu: „Ich habe Angst vor der Nacht. Ich habe Angst davor, daß mich einer anspringt, wenn es finster ist. Dann bekomme ich richtig Herzklopfen. Aber ich habe keine Angst beim Rennfahren, weil ich das beherrsche."

Und Reinhold Messner gestand in einem Zeitungsinterview, daß er auf die Berge steige und zum Südpol gehe, um nicht verrückt zu werden.

Ich will den Mut der beiden Männer keineswegs herabsetzen, doch niemand vermag der Angst vor der Vergänglichkeit und dem Tod dadurch zu entgehen, daß er stellvertretend konkrete Gefahren wie beim extremen Bergsteigen und Autofahren besiegt.

Angst als psychische Unordnung des Bewußtseins

Ihr Bewußtsein steht mit Ihrem komplexen Nervensystem in Wechselwirkung. Das bedeutet aber nicht, daß es nur von biologischen Programmen gesteuert wird. Ihr Bewußtsein hat auch die Fähigkeit entwickelt, sich selbst und das Nervensystem zu steuern und so einen selbstbestimmten Kurs einzuschlagen. Die Aufgabe des Bewußtseins ist es, Informationen aus der Außenwelt und der Innenwelt und dem Körper aufzunehmen und zwischen den Wahrnehmungen, Gefühlen und Gedanken eine Gewichtung zu vollziehen. Sie müssen nicht instinktiv reagieren, Sie können entscheiden, wie Sie auf bestimmte Informationen reagieren wollen.

Im Laufe der Evolution wurde das Nervensystem sehr komplex und erlangte die Fähigkeit, seinen eigenen Zustand zu beeinflussen. Sie vermögen sich wohl oder unwohl zu fühlen, ganz unabhängig, was in der Außenwelt passiert. Um diese Möglichkeit zu nutzen, ist es notwendig, das Bewußtsein lenken zu lernen. Mit diesen Darlegungen haben wir zwar keine Anatomie und Strukturanalyse des Bewußtseins vorgenommen, wir besitzen aber ein einfaches Modell, mit dem es sich gut arbeiten läßt. All das, was unser Bewußtsein ausmacht, was wir also sehen, fühlen und denken, sind Informationen, die wir beeinflussen können.

Wir können das Bewußtsein mit einem Spiegel vergleichen, der unter Inanspruchnahme der Sinne das reflektiert, was außerhalb und innerhalb des Körpers vor sich geht. Das Bewußtsein spiegelt nicht vollständig, sondern selektiv und schafft seine eigene Realität.

Wie wirkt sich nun Angst auf das Bewußtsein aus? Und wodurch wird Angst hervorgerufen? Angst ist eine Unordnung im Bewußtsein. Diese Unordnung entsteht dadurch, daß die Informationsteilchen, die Bits, im Bewußtsein in einer Konfliktsituation zueinander stehen. Angst ist also das Ergebnis ungelöster Konflikte zwischen den Strukturelementen der Persönlichkeit. Es gibt verschiedene Arten von Konflikten:

- Sie möchten ein bestimmtes Ziel erreichen, innere Widerstände stehen aber Ihrem Vorhaben entgegen. Eine mögliche Ursache für einen solchen Anziehungs-Abneigungskonflikt wäre die Sexualangst.
- Einen weiteren Konflikt stellt der doppelte Anziehungs-Abneigungskonflikt dar. Hierbei besitzen zwei mögliche Alternativen sowohl erwünschte wie unerwünschte Aspekte. Solche Situationen treten beispielsweise bei der Auswahl der beruflichen Stellung oder beim Hauskauf auf.
- Sie haben das Verlangen, Ihre unbewußten Triebe auszuleben, aber Sie haben Angst vor den Normen der Gesellschaft.
- Sie möchten Ihre Freiheit wahren, sehen sich aber von der Notwendigkeit eingeengt. Sie haben Angst vor der Notwendigkeit.
- Sie wollen Ihre Individualität entfalten, fühlen sich aber durch den Partner darin behindert. Sie haben Angst vor der Selbsthingabe.
- Sie gehen im Partner auf, da Sie keine eigene Selbständigkeit aufbauen können. Sie haben Angst vor der Isolierung.
- Sie suchen die Beständigkeit, doch die Umwelt wandelt sich. Sie haben Angst vor der Wandlung, die Sie als Vergänglichkeit und Unsicherheit erleben.

- Sie sehnen sich nach Größe und Vollkommenheit und haben dennoch Angst vor dem Bewußtsein der eigenen Unvollkommenheit.
- Sie befinden sich in einem Konflikt zwischen dem Wunsch, von anderen Menschen oder dem Universum angenommen zu werden, und der Erfahrung des Verworfenseins im Leben.
- Sie sehen sich mit Ihrer Sehnsucht nach Unsterblichkeit und der Realität Ihrer Vergänglichkeit konfrontiert.

Beenden wir diese Beispiele. Jeder Konflikt wird als Bedrohung erlebt. Wenn diese Konflikte unbewußt, unterbewußt und somit uneingestanden sind oder wenn sie bewußt und ungelöst sind, dann machen sie sich in dauernden Angstzuständen bemerkbar. Solche ungelösten Konflikte erhöhen außerdem die allgemeine Angstbereitschaft.

Ganz allgemein besteht eine Unordnung im Bewußtsein immer dann, wenn eine Information das Selbst bedroht. Wenn jemand zum Beispiel hört, daß in der Abteilung, in der er beschäftigt ist, Entlassungen vorgenommen werden, dann wird er Angst empfinden.

Da die Angst eines jeden Menschen dann am größten ist, wenn das eigene Selbst extrem bedroht ist, wird die Angst vor dem Tod die größte Angst des Menschen bleiben.

Eine wichtige Frage drängt sich auf: Wenn Angst eine Unordnung des Bewußtseins ist, haben wir dann je eine Chance, mit der Angst richtig umzugehen?

Die moderne Physik hat den Begriff der Entropie für das Maß der Unordnung in der Thermodynamik entwickelt. Da die Entropie bei Prozessen im geschlossenen System immer mehr zunimmt, ist der Wärmeverlust der Welt unvermeidlich. Müssen wir Menschen also auf Dauer an einer wachsenden Unordnung unseres Bewußtseins leiden, die wir als psychische Entropie bezeichnen? Oder können wir der Angst entkommen, indem wir die Möglichkeit haben, Ordnung – psychische Negentropie in unserem Bewußtsein aufzubauen?

Bevor wir uns mit diesen Fragen beschäftigen, wollen wir uns mit einem weiteren Phänomen der Angst, nämlich der Fixierung des Bewußtseins beschäftigen.

Angst als Enge und Fixierung

Angst vermag das Bewußtsein derartig einzuengen, daß außer der bedrohlichen Situation der Rest der Realität nicht mehr wahrgenommen wird.

Folgende Begebenheit, die sich während des Korea-Krieges ereignete, macht diesen Sachverhalt deutlich: Eine Gruppe von Soldaten flog in einem Flugzeug. Als die Fallschirme für den Absprung verteilt wurden, ergab sich, daß nicht genügend Fallschirme vorhanden waren. Da aber noch ein Fallschirm für einen Linkshänder im Flieger war, gab der Gruppenführer diesen einem Rechtshänder und erläuterte ihm: „Der Fallschirm verhält sich genauso wie alle anderen Schirme, es gibt nur einen einzigen Unterschied: Die Reißleine, um den Schirm zu öffnen, befindet sich auf der linken Seite." Danach sprang ein Soldat nach dem anderen aus dem Flugzeug. Alles verlief gut, nur ein Fallschirm öffnete sich nicht und der Soldat kam ums Leben. Der verunglückte Soldat war derjenige, der den Fallschirm für Linkshänder erhalten hatte. Seine rechte Hand war blutig, und die Uniform war auf der Seite aufgerissen, an der Stelle, an der sich sonst die Reißleine für Rechtshänder befand. Das Bewußtsein des Soldaten war durch die Angst sehr eingeengt. Er vermochte nicht zu entdecken, daß die Reißleine in seiner Reichweite zu finden war.

Wenn eine Situation bedrohlich wird, richten wir alle Energien darauf, die Bedrohung abzuwenden. So wird das Bewußtsein fixiert und ist nicht mehr in der Lage, flexibel zu sein und die Umwelt wahrzunehmen.

Angst als Herausforderung, höhere Komplexitäten des Bewußtseins zu entwickeln

Kommen wir nun auf die Frage zurück, ob Sie die Möglichkeit haben, die Angst, also Chaos im Bewußtsein, in Ordnung zu bringen. Sie werden nicht nur eine Antwort erhalten. Wir werden dazu die neue Sichtweise der Angst vertiefen. Um die neuen Aspekte der Angst noch umfassender zu verstehen, gehen wir zunächst von den neuesten Erkenntnissen der Naturwissenschaften aus. Die Natur hat Möglichkeiten entwickelt, Abfall in strukturierte Ordnung umzuwandeln. Nehmen wir als Beispiel dafür das Pflanzenreich, es nutzt das bei der Sonnenstrahlung anfallende Licht, um diese Energie in komplizierte Bausteine wie Blätter, Stämme, Rinde zu verwandeln. Die Anzahl der komplexen Systeme ist sehr groß. Es existieren beispielsweise allein Tausende Baumarten im tropischen Regenwald. Eine große Zahl unbekannter Baumarten wird noch vermutet. Die Anzahl der Blumen ist sogar noch größer. So gibt es im Universum auf der einen Seite die bereits erwähnten Prozesse wachsender Unordnung, auf der anderen Seite existiert ein Entwicklungsprozeß, bei dem sich das Leben selbst zu einer wachsenden Ordnung und Komplexität entwickelt. Atome vereinigen sich zu Molekülen, wie Proteine, die wiederum Zellen für die höheren Organismen bilden.

Während ein physikalisches System ein geschlossenes System ist, sind alle lebenden Systeme – natürlich auch das menschliche Gehirn – offene Systeme.

Der in Rußland geborene und in Belgien lebende Nobelpreisträger für Chemie Ilya Prigogine hat für die offenen und lebenden Systeme ein Modell entwickelt, das wir hier sehr vereinfacht darstellen und anhand von Bildern veranschaulichen.

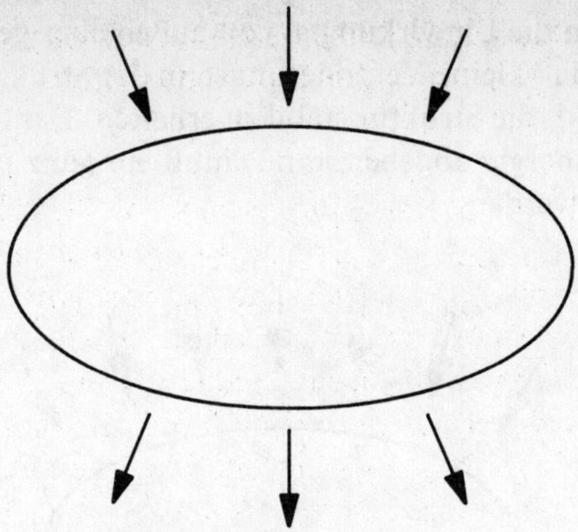

Bild 1: Offenes System

Bild 1 veranschaulicht ein offenes System. Der Unterschied gegenüber geschlossenen Systemen besteht darin, daß offene und lebende Systeme die aufgenommene Energie nicht behalten. Sie tauschen immer Materie und Energie mit der Umwelt aus.

Wird die Energiebelastung erhöht, dann organisiert sich das System selbst neu und gibt mehr Entropie an die Umgebung ab *(Bild 2)*.

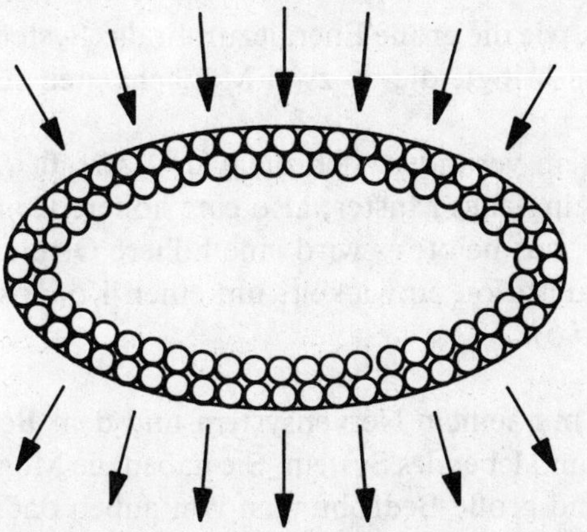

Bild 2: Eine kleine Veränderung im System bewirkt, daß größere Energien weitergeleitet werden.

Nun können die Einwirkungen von außen aber gelegentlich so stark sein, daß kleine Veränderungen in der Struktur nicht ausreichend sind, die Struktur stabil zu erhalten. Damit das System die große Energie abgeben kann, muß ein ganz neues Muster geschaffen werden.

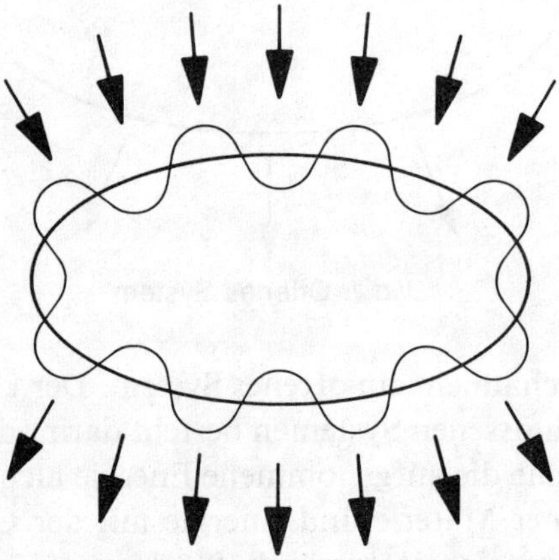

Bild 3: Eine große Energiezufuhr bringt das System in eine kritische Phase: Übergangsstadium.

Bild 3 zeigt, wie die große Energiezufuhr das System in eine kritische Phase bringt, die zu zwei Möglichkeiten führt:

1. Das System verändert sich nicht und zerfällt *(Bild 4)*.
2. Es wird ein neues Muster, also eine höhere Komplexität geschaffen, das heißt, es wird eine höhere Ordnung der inneren Organisation entwickelt, um einen Kollaps zu überstehen *(Bild 5)*.

Ihr Gehirn mit seinem Nervensystem und dem Bewußtsein ist ein offenes und lebendes System. Sie haben die Möglichkeit, auf Einflüsse und große Bedrohungen von außen dadurch zu reagieren, daß Sie höhere Komplexitäten im Bewußtsein entwickeln. Ihr Bewußtsein verfügt also über die Möglichkeit zur Selbstor-

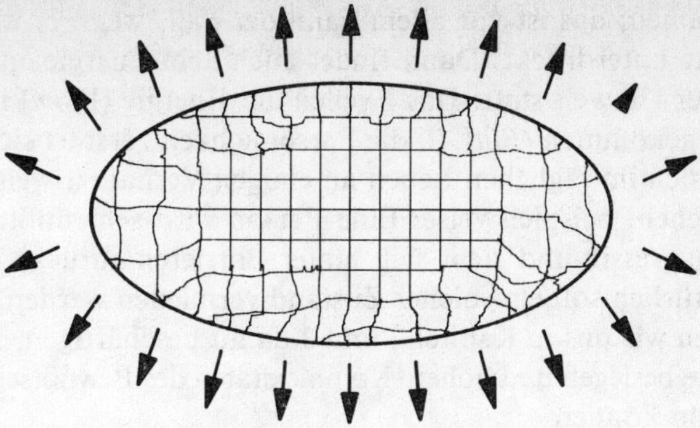

Bild 4: Zerfall des Systems

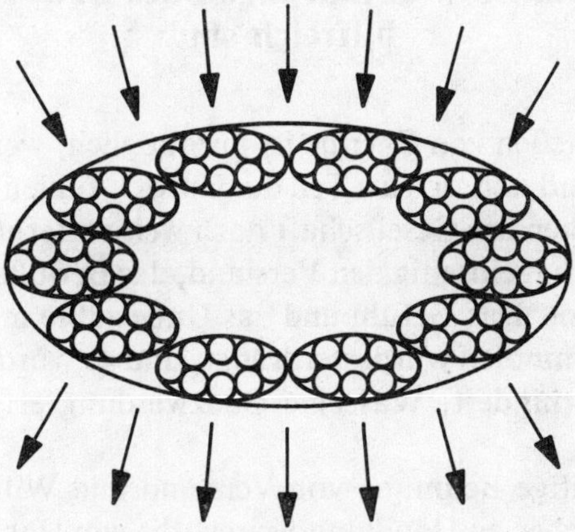

Bild 5: Die Entwicklung einer Struktur höherer Komplexität, eine höhere Ordnung der inneren Organisation.

ganisation zu höheren Komplexitäten. So meistern Sie jede Situation. So wird die Angst zum entscheidenden Faktor Ihrer Weiterentwicklung, da sie Entwicklungsprozesse in Gang setzt. Sie wachsen an der Herausforderung.

Durch schwere Bedrohungen kann ein Mensch auch dazu gebracht werden, seine Lebenssituation nicht mehr kontrollieren zu können, das ist vor allem dann der Fall, wenn er all seine Ängste unterdrückt. Dann findet auch kein Energieaustausch mit der Umwelt statt. Das Fließen der Energie (Flow) ist zum Ende gekommen *(Bild 4),* die Persönlichkeit zerstört sich. Das zeigt sich im täglichen Leben an einigen Verhaltensweisen des Menschen, beispielsweise: Eine Person wird sehr mißtrauisch und aggressiv und zieht sich hinter Barrieren zurück.

Natürlich soll ein solcher Zustand vermieden werden, daher werden wir uns in Kapitel 2 und 3 damit beschäftigen, wie Sie Ängste besiegen und höhere Komplexitäten des Bewußtseins entwickeln können.

Warum Flow-Erfahrungen des Bewußtseins hilfreich sind

Das freie Fließen von Energie ist nur möglich, wenn Sie innerlich offen sind und sich als Teil der Umwelt fühlen. Davon sind viele Menschen der Gesellschaft noch weit entfernt. Der westliche Mensch hat einseitig den Verstand, das Bewußtsein und den Willen betont. Das Gefühl und das Unbewußte mit seinen Bildern und Symbolen wurde verdrängt, und so wurde eine Ganzwerdung verhindert. Was eine Ganzwerdung erfordert, zeigt *Bild 6.*

Die einseitige Betonung von Verstand und Willen führt bei vielen Menschen zu Handlungsweisen, die von Habgier und Ich-Aufblähung geprägt sind, die nicht mit Ich-Findung verwechselt werden darf. Diese oberflächliche Daseinsform schafft Angst vor sich selbst und den natürlichen Gefühlen. Angstauflösung ist aber nur möglich, wenn Sie sich Ihrer eigenen Tiefe immer mehr bewußt werden und sich selbst mit der Natur und dem Kosmos als Einheit erleben.

Besonders im Traum werden Verdrängungen aufgehoben. Das Unbewußte organisiert sich in einem inneren Prozeß selbst. Das Zentrum für diesen Steuerprozeß wollen wir als Selbst bezeich-

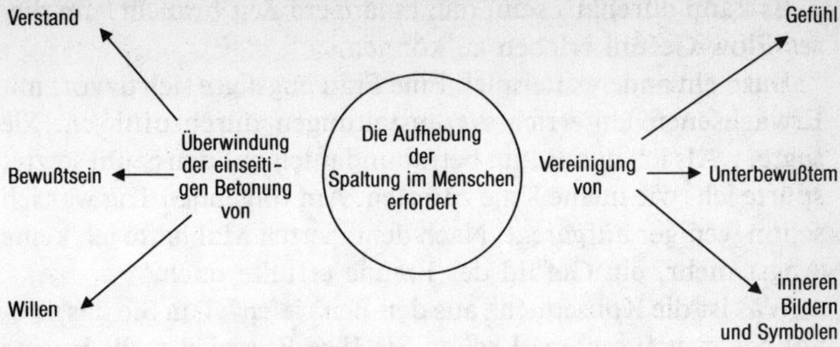

Bild 6: Vorgang der Ganzwerdung

nen, denn es schafft symbolische Brücken zum Bewußtsein. Daher spielt die Besprechung von Träumen in der Psychoanalyse eine wichtige Rolle. Im Unterbewußtsein sind zum Beispiel viele naturhafte Bilder und Symbole gespeichert, wie Berg, Baum, Wasser, Wind, Wolken, Stern, Höhle, Fels, Vogel, Wald, Wüste, Schnee, mit denen Sie sich als Teil der Natur erfahren.

Durch den Kontakt mit den verdrängten Kräften des Unbewußten werden Bewußtseinserweiterung und Heilung möglich. So gelingt es Ihnen, das zu leben, was in Ihnen angelegt ist.

Die Flow-Erfahrungen finden niemals statt, wenn Sie sich von Angst beherrschen lassen. Damit es zu Flow-Aktivitäten kommt, darf die Herausforderung Sie nicht überfordern.

Dazu ein Beispiel: Nehmen wir an, Sie lernen Skifahren. Nach einiger Zeit kommen Sie auf dem sogenannten Idiotenhügel ganz gut zurecht. Bald stellt er keine Herausforderung mehr für Sie dar, und es wird Ihnen langweilig. Wenn Sie sich gleich als nächstes an einem längeren Steilhang versuchen würden, wäre das wahrscheinlich eine zu große Herausforderung für Sie. So beginnen Sie mit einer Abfahrt, die nicht über zu schwieriges Gelände führt. Da sich die Herausforderung in Grenzen hält, vermögen Sie Ängste zu überwinden. Bald macht Ihnen das Skifahren Freude. Eine Flow-Erfahrung im Bewußtsein stellt sich ein. Bei diesem Flow-Erlebnis empfinden Sie ein Hochgefühl, das Ihre Lebensqualität steigert.

Es kann durchaus sein, daß es längere Zeit braucht, um dieses Flow-Gefühl erleben zu können.

Dazu ein anderes Beispiel: Eine Frau ängstigte sich davor, mit Erwachsenen Unterrichtsveranstaltungen durchzuführen. Sie sagte: „Als ich den Raum betrat und mich auf den Stuhl setzte, spürte ich, wie meine Knie zitterten. Am folgenden Tag war ich schon weniger aufgeregt. Nach dem vierten Mal hatte ich keine Angst mehr, ein Gefühl der Freude erfüllte mich."

Was ist die Konsequenz aus den Beispielen? Tun Sie das, wovor Sie sich fürchten. Lenken Sie Ihre Energien nicht in eine falsche Richtung, indem Sie eine Vermeidungshaltung aufbauen. Zugegeben, es ist nicht einfach, das zu tun, wovor Sie sich fürchten. Notwendig ist es, sich darauf gut vorzubereiten, denn je positiver Ihre eigene Einstellung ist, desto größer sind Ihre Chancen, Erfolg zu haben.

Kennen Sie den Wallenda-Effekt? Karl Wallenda war einer der bedeutendsten Hochseilartisten. Bei einer Vorstellung stürzte er ab und verunglückte tödlich. Reporter waren sehr daran interessiert, die Ursache seines Absturzes herauszufinden. Als sie sich mit den Angehörigen seiner Familie unterhielten, erfuhren sie bemerkenswerte Tatsachen. Karl Wallenda hatte sich beim Training immer darauf konzentriert, sicher über das Seil zu laufen, um an das Ziel zu gelangen. Am Tage vor dem Unglück hatte Wallenda jedoch wiederholt seine Angst vor dem Fallen zum Ausdruck gebracht und sich darauf konzentriert, ein eventuelles Fallen zu vermeiden.

Zwischen beiden Übungen besteht ein tatsächlicher Unterschied. Wer sich darum sorgt, nicht zu fallen, beschäftigt sich bereits mit dem Fallen. Und deshalb wächst die Wahrscheinlichkeit, diesem unglücklichen Umstand tatsächlich zu begegnen.

Denken Sie an das positive Ziel, das Sie erreichen wollen. Beschäftigen Sie sich nicht ständig damit, was Sie verhindern wollen. So werden sie nicht das Opfer des Wallenda-Effekts.

Märchen und Angstbewältigung

Im Märchen spielt die Angst eine große Rolle, ohne daß sie direkt erwähnt wird. Wenn wir ein Märchen hören und uns von seiner Bilderwelt ergreifen lassen, dann erleben wir mit dem Helden auch seine Angst. Wenn der Held die Gefahren überwunden hat, können wir aufatmen, denn wir haben mit ihm die vorhandene Angst bewältigt.

Die Schwierigkeiten, die die Märchenhelden zu bewältigen haben, sind auch Ihre Schwierigkeiten. Das Problem im Märchen ist auch oft ihr Problem, da im Märchen allgemein menschliche Probleme und mögliche Lösungen entwickelt werden. Indem Sie sich mit den Märchenhelden identifizieren, glauben Sie, daß auch Ihre Probleme wie im Märchen lösbar seien. Die Märchen machen Ihnen Mut, Sie glauben an Ihre Zukunft.

Das Märchen ist keineswegs irgendein Wachtraum, seine Bedeutung reicht viel tiefer. Es bedient sich archetypischer Symbole und Urbilder, deshalb wirken Märchen auf die tiefsten Schichten der Seele. Wenn der Zuhörer seine Ängste in das Märchengeschehen hineinprojizieren kann, dann werden innere Blockaden aufgelöst.

Dazu ein Beispiel: Charlotte Bühler und Josefine Bilz erzählen von einem dreijährigen Mädchen, das zunächst bei der Geschichte vom Rotkäppchen und dem bösen Wolf in erhebliche innere Nöte geriet. Trotzdem wollte das Mädchen die Geschichte etwa ein dutzendmal vorgelesen bekommen. Aus Angst vor dem bösen Wolf schlief sie sogar unruhig. Die Mutter beruhigte die Kleine mit den Worten: „In unserem Wald gibt es keine Wölfe mehr, die gibt es nur in Rußland.“ Einige Wochen später machte die Familie mit dem Kind einen Ausflug in den Wald. Die Mutter sagte zu dem kleinen Mädchen: „Im Wald wirst du Häslein sehen.“ Als die Familie aufbrach, fragte ein Bekannter die Kleine, wohin sie denn gehen wolle. Sie erwiderte: „In den Wald zum Rußland-Wolf.“

Nicht das harmlose Häslein, sondern der gefährliche Wolf war zum Anziehungspunkt für das Kind geworden. Offenbar waren im Kind Kräfte wach geworden, sich dem bedrohlichen, aber auch faszinierenden Wolf zu stellen.

Kinder brauchen die Schreckensgestalten der Märchenwelt, um selbst reifen zu können. Wer keine Geschichten erzählt bekommt, der bleibt mit seinen traumatischen Erlebnissen allein. Er erhält keine Bildangebote, die die in ihm verborgenen Hoffnungsschichten erwecken.

Wie schon zu Anfang erwähnt, ist die Heilkraft der Märchen keineswegs auf Kinder beschränkt. Auch Erwachsene können durch sie von innen her geheilt werden. Märchen können auch seelische Qualitäten vermitteln, die Menschen müssen sich nur in die Märchenfiguren hineinversetzen.

Da in den tiefsten Schichten Ihres Selbst alle archetypischen Symbole enthalten sind, können auch Sie den gesamten Urgrund der Menschheit in sich zum Leben erwecken. Da das Märchen in Symbolen spricht, verdichten sich darin psychische Inhalte, Erfahrungen und Emotionen. Märchenbilder sind Verdichtungen grundlegender Erfahrungen. Die besondere Wirkung der Märchen auf Sie besteht darin, daß sie die in Ihnen verborgenen Bilder ansprechen. So werden fixierte Vorstellungen und Emotionen Ihrer Persönlichkeit in Bewegung gebracht.

Traumbilder und spontane Phantasiebilder sind Symbole, die als natürliche Lebensäußerungen des Unbewußten immer dort entstehen, wo eine Emotion im Spiel ist. Da im Symbol auch immer etwas noch nicht Gewußtes enthalten ist, äußert sich durch das Symbol eine Entwicklung, die über den jeweiligen Zustand hinausführt. So verändert sich das Selbstbild und das Weltbild, wenn wir die Bilder aufnehmen.

Wenn Sie mit Märchenbildern arbeiten, dann stoßen Sie auf einen Entwicklungsprozeß, der von einer tiefen Hoffnung getragen wird. Festgefahrene Gefühls- und Gedankenprozesse kommen auf diese Weise wieder in Bewegung. Märchen erschließen Ihnen ganz neue Bereiche Ihrer Persönlichkeit.

Angst und Aggression

Mit den Angstgefühlen eng verbunden sind die Aggressionen. Wer aus Angst etwas nicht tut, obwohl er es gerne tun würde, entwickelt Aggressionen gegenüber dem Angstverursacher.

Wer mit Angst erzogen oder beeinflußt wird, lebt die Aggressionen oft nicht aus, weil die Angst vor einer eventuellen Strafe ihn daran hindert. Die vorhandene Aggressionstendenz kann auf Körper und Seele einwirken, und es entstehen psychosomatische Symptome oder sogar eine Neurose, die eine seelische Störung bedeutet.

Die verdrängten Aggressionen äußern sich auch als getarnte Aggressionen wie Ellenbogenegoismus, Konkurrenzverhalten und Machtstreben. Mit den Erfolgen soll der Neid der Mitmenschen erregt werden. Jede Angst führt automatisch in die Aggression:

- Angst vor Konkurrenz schafft Ellenbogenverhalten.
- Angst vor Liebesverlust führt zum überwachenden Verhalten gegenüber dem Liebespartner, der in seiner Freiheit beschränkt wird. Der Partner wird in Abhängigkeit gebracht.
- Angst, nicht anerkannt zu werden, löst ein Streben nach materiellem Erfolg aus. Mit Status und Geld soll Achtung gewonnen werden.
- Angst, ein Außenseiter zu sein, bewirkt eine sehr starke Anpassung an die Regeln der Gesellschaft. Die Aggression richtet sich hierbei auf das individuelle Selbst. Das Außenseitertum bei Mitmenschen wird verachtet.
- Angst vor Krankheit und Tod entwickelt eine aggressive Abwehr von Krankheit und Tod, die nicht zur Kenntnis genommen werden.
- Angst vor schlechten Zeiten und Krieg führt zu Genußsucht.
- Angst vor Verlust von materiellen Gütern treibt zum Besitzstreben. Das Festhalten am Besitz schränkt die eigene Freiheit ein.

All diese Ängste führen zu Aggressionen, die die verängstigten Menschen in sich haben.

Wenn Sie Menschen im Alltag beobachten, dann stellen Sie bald fest, wie schnell diese ihre Maske fallen lassen und aggressiv miteinander umgehen. Und je aggressiver jemand ist, desto größer ist seine Angst.

Überwinden Sie Ihre Angst nicht zu spät

Jedem Menschen stellen sich Herausforderungen, die ihn dazu bringen, sich weiterzuentwickeln. Das gilt nicht nur für den einzelnen, sondern für die ganze Menschheit. Das Ergebnis ist langfristig die Evolution der gesamten Menschheit.

Wenn Sie einer Bedrohung gegenüberstehen, die Angst bei Ihnen auslöst, haben Sie drei Möglichkeiten, sich zu verhalten:

1. Sie haben Angst, sich der Herausforderung zu stellen. Nach der erfolgten Verdrängung wird der Leidensdruck immer größer. Ihre Entwicklung ist negativ, da Sie nicht den Mut aufbringen, sich der Bedrohung zu stellen, um so die Angst zu besiegen. *(Bild 7, Kurve b)*
2. Sie verdrängen zunächst Ihre Angst, geben aber aufgrund des Leidensdruckes die Verdrängung auf, machen sich Ihre Ängste bewußt und setzen sich mit ihnen auseinander. Es ist jetzt schwer, die Angst zu überwinden. Bauen Sie Mut auf, dann schaffen Sie es! *(Bild 7, Kurve a)*
3. Sie stellen sich der Bedrohung beziehungsweise der Herausforderung sofort oder nur mit geringer Verzögerung. Alte Verhaltensweisen legen Sie ab und vollziehen eine neue Lernerfahrung. Sie vergeuden keine Energien damit, sich von der Durchbruchphase zu weit zu entfernen. *(Bild 8)*

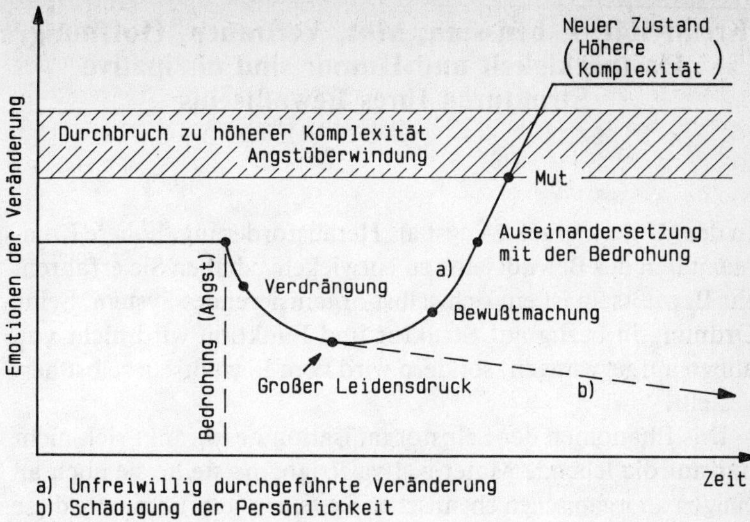

Bild 7: Emotionales Verhalten gegenüber angstauslösenden Bedrohungen

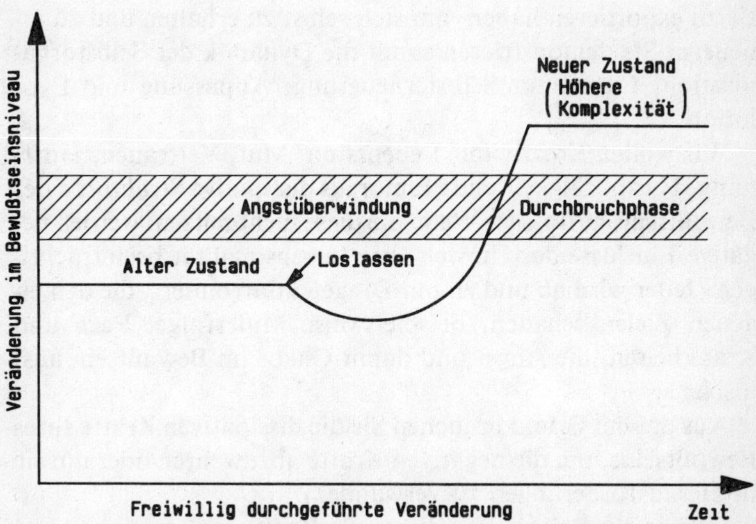

Bild 8: Freiwillig durchgeführte Veränderung

Kreativität, Lebenssinn, Mut, Vertrauen, Hoffnung, Hartnäckigkeit und Humor sind dissipative Strukturen Ihres Bewußtseins

In dem Unterkapitel ,,Angst als Herausforderung, höhere Komplexitäten des Bewußtseins zu entwickeln" haben Sie erfahren: Ihr Bewußtsein ist ein sich selbst organisierendes System. Seine Ordnung in bezug auf Struktur und Funktion wird nicht von außen aufgezwungen, sondern wird vom Bewußtsein selbst hergestellt.

Das Phänomen der Selbstorganisation beschränkt sich nicht nur auf die lebende Materie. Ilya Prigogine stellte sie auch an einigen anorganischen chemischen Systemen fest. Er nannte diese Systeme dissipative Strukturen, um damit zum Ausdruck zu bringen, daß sie ihre eigene Struktur weiterentwickeln und andere Strukturen zerbrechen, die als Unordnung dissipiert werden. Dissipative Strukturen ,,wissen", was sie zu importieren und was sie zu exportieren haben, um sich selbst zu erhalten und zu erneuern. Sie demonstrieren somit die Dynamik der Selbstorganisation, führen zur Selbsterneuerung, Anpassung und Evolution.

Wir wollen Kreativität, Lebenssinn, Mut, Vertrauen, Hoffnung, Hartnäckigkeit und Humor als dissipative Strukturen des Bewußtseins auffassen. Wenn Sie diese nicht nutzen, werden negative Einflüsse der Umwelt Ihre Lebensqualität beeinträchtigen. Jeder wird ab und zu mit Dingen konfrontiert, die den eigenen Zielen schaden, beispielsweise Mißerfolge, Pech und Krankheiten, die Angst und damit Chaos im Bewußtsein auslösen.

Aus diesem Grund brauchen Sie die dissipativen Kräfte Ihres Bewußtseins, um die negativen Kräfte abzuwehren oder um sie in Herausforderungen zu verwandeln.

Hier je ein Beispiel für die große Kraft der Kreativität und des Lebenssinns.

Alexander Solschenizyn beschreibt in seinem ersten Roman „Ein Tag im Leben des Iwan Denissowitsch" eindrucksvoll, wie ein Strafgefangener zur inneren Freiheit gelangt. Indem er die schlecht organisierte Zwangsarbeit als Herausforderung an die eigene Schöpferkraft ansieht, wird der Sibiriensträfling zum Meister seines Schicksals.

Der Wiener Psychologe und Begründer der Logotherapie, Viktor Frankl, konnte Erfahrungen an sich selbst und andere Erkenntnisse zur großen Kraft des Lebenssinns sammeln. Er fand heraus, daß das mutige Festhalten an einem höheren Sinn sogar unter extremen Umständen ein Überleben ermöglicht. Mut ist eine dissipative Struktur der Psyche, die ebenfalls unverzichtbar ist. Mut ist eine Bejahung der eigenen Person, der eigenen Fähigkeiten und des eigenen Lebens trotz seiner Vergänglichkeit. Es kann jemand furchtlos sein, weil ihm nichts am Leben liegt, doch obwohl er sich vor dem Tod nicht fürchtet, empfindet er Angst vor dem Leben. In diesem Fall sucht er sogar nach gefährlichen Situationen, um seiner Furcht vor dem Leben, vor anderen Menschen und vor sich selbst zu entkommen. Es wurde schon darauf hingewiesen: In jeder Angst ist auch die Angst vor der menschlichen Situation als solcher enthalten. Die Angst, die in jeder Furcht enthalten ist, ist die Angst, das eigene Sein zu verlieren. Mit Mut ist es möglich, der Angst vor dem Nichtsein entgegenzuwirken.

Die Neurose ist ein häufig beschrittener Weg, auf dem viele Menschen der Vergänglichkeit und dem Nichtsein ausweichen, indem sie vor dem Sein, also dem Leben flüchten.

Mut ist die Bereitschaft, Unangenehmes wie Mühsal, Schmerz und Unsicherheit für eine reichere Positivität auf sich zu nehmen. Ohne diese Selbstbejahung und Robustheit ist Leben nicht möglich. Wenn Sie Ihre Vitalität beispielsweise durch Sport stärken, erhöhen Sie Ihre Robustheit und damit auch den Mut zum Sein. So kommt es nicht von ungefähr, wenn die weitverbreiteten Angstzustände vieler Menschen unserer Zeit von einer großen Wehleidigkeit und mangelnder Vitalität begleitet werden. Hoffnung bezeichnet eine innere Einstellung und Gefühlsregung, in der die Zukunft als Verwirklichung von Lebens- und Sinnwerten erscheint, auf die das eigene Dasein angelegt ist. Aus den Vorstellungen künftiger Lebensmöglichkeiten wird der Lebenswille gespeist. Die Hoffnung ist gleichsam der Faden, der sich durch alles hindurchzieht, was Sie tun. Je größer das Gefühl der Hoffnung in Ihnen ist, desto mehr Zukunft haben Sie.

Während die Angst Ihre persönliche Sicherheit bedroht, ist die dazu entgegengesetzte Einstellung und Gefühlsregung das Vertrauen. Mit Vertrauen sehen Sie den Verlauf der Dinge als für Sie positiv an. Haben Sie Vertrauen, so bedeutet das: Sie vermögen jede Herausforderung zu Ihrem Wohl zu nutzen und sich zu entfalten. Mit dem Vertrauen vermeiden Sie die Flucht in eine lebensabwehrende Haltung, es löst eine Haltung des Sich-Offenhaltens aus. Haben Sie Vertrauen, dann werden Sie offener für alternative Möglichkeiten des Lebens. Offenheit hilft Ihnen, sich nicht nur auf einige Dinge, sondern auf die Gesamtsituation zu konzentrieren.

Hartnäckigkeit und Beharrlichkeit stellen weitere dissipative Strukturen Ihres Bewußtseins dar. Natürlich dürfen beide nicht mit Starrsinn verwechselt werden, der gegen notwendige Veränderungen kämpft. Ebenso darf Mut nicht darin bestehen, gegen notwendige Veränderungen anzugehen. Mut äußerst sich vielmehr darin, diese Veränderungen gegenüber der eigenen Bequemlichkeit durchzuführen.

Hartnäckigkeit und Beharrlichkeit besitzen dann einen tiefen Sinn, wenn Sie diese für Ziele einsetzen, die Sie sich selbst gesetzt haben. Wenn Sie im Ziel derartig aufgehen, daß Sie Ihr eigenes Ich vergessen, wachsen Sie einfach über sich selbst hinaus.

Wichtig ist, daß Ihre Ziele in einem sinnvollen Zusammenhang stehen, denn das gibt Ihrem Leben einen Sinn und eine Richtung, so halten Sie die Ordnung im Bewußtsein aufrecht. Menschen tun sich verständlicherweise schwer, sich für Ziele zu entscheiden. Seit über zwei Jahrzehnten unterstütze ich Menschen beim Erkennen und der Verwirklichung ihrer ganz persönlichen Ziele und weiß daher um die Schwierigkeiten.

Zu den dissipativen Strukturen des Bewußtseins ist in jedem Falle auch der Humor zu rechnen, dieser kann nicht ernst genug genommen werden. Wenn es Ihnen gelingt, hinter jedem unangenehmen Ereignis eine heitere Seite zu entdecken, wird Ihr Bewußtsein nicht so leicht in Unordnung zu bringen sein.

Beschränken wir uns an dieser Stelle auf die Ausführungen. In Kapitel 4 werden wir uns dann ausführlich damit beschäftigen, wie Sie die dissipativen Möglichkeiten Ihrer Psyche noch besser zur Entfaltung bringen.

Warum es notwendig ist, eine Beziehung zum Unfaßbaren und Unendlichen einzugehen

Seit der Mensch sich seiner selbst und seiner Situation bewußt sein kann, stellen die Vergänglichkeit und der Tod ein großes Problem für ihn dar. Dieses Problem liegt in der tiefsten Angst, die wir als Urangst bezeichnen wollen, begründet. Um dieser Angst zu entkommen, vergöttlichen wir das Leben und verhalten uns so, als ob es keine Endlichkeit und Vergänglichkeit gibt. Doch bald holt uns die Realität ein.

Oder wir klammern uns an Dinge oder unsere Leistungen und gaukeln uns eine Sicherheit vor, die nicht existiert. Manche Menschen versuchen ihre Möglichkeiten in der Art und Weise zu steigern, daß sie gegen die Angst den Versuch unternehmen, etwas zu schaffen, das absolut ist und alle Zeiten überdauert. Doch damit überfordern sie sich und stürzen sich in eine innere Verzweiflung und entwickeln Minderwertigkeitsgefühle.

Die vielen Menschen nicht bewußt werdende Todesangst erfährt eine Steigerung, wenn sie das Leben und viele andere Dinge fürchten, die dem Leben Sinn geben. Sie haben vor dem Tod so große Angst, weil er ein Dasein beschreibt, das leer geblieben ist. Als eine 75jährige Frau erfuhr, daß sie in 4 bis 15 Wochen sterben würde, äußerte sie: „Ich habe doch noch gar nicht richtig gelebt."

Oft wird der Tod deshalb gefürchtet, weil er dazu drängt, eine solch traurige Bilanz zu ziehen.

Um die Urangst aufzulösen, versuchen manche Menschen sich einem Idol, einer Institution, einer Idee oder einem anderen Mensch symbolisch zu unterwerfen. Die Befehle eines solchen Idols sind ihm heilig. Würde ein solcher Mensch die Befehle des Idols anzweifeln oder nicht befolgen, so würde er in eine vollkommene Isolation geraten, was er in jedem Fall zu vermeiden sucht.

Alle Versuche, mit der Urangst auf die beschriebenen Arten umzugehen, müssen scheitern. Ebenso mißlingen alle Versuche, die Urangst auf greifbare Projekte zu projizieren *(Bild 9)*.

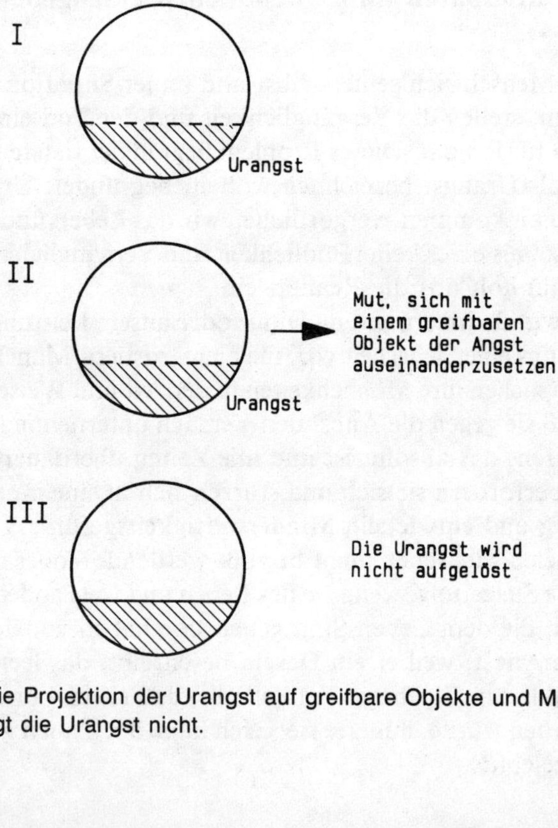

Bild 9: Die Projektion der Urangst auf greifbare Objekte und Mut beseitigt die Urangst nicht.

Die Daseinssicherung gibt es nur im Feld der Unendlichkeit oder in der Unendlichkeit der absoluten Person Gottes. Jesus ist ein Beispiel und ein Vorbild dafür, wie stark das Vertrauen in Gott sein kann. Selbst in Gethsemane hat Jesus dieses Vertrauen nicht verloren. Lediglich die Angst vor den Menschen hat ihn am Abend der Verhaftung befallen.

Beispiele für ein Überwinden der Urangst mit einer personenhaften Beziehung zu Gott sind Martin Luther, Mahatma Gandhi und Martin Luther King. Alle diese Persönlichkeiten haben ihren bewundernswerten Mut aus dem Vertrauen in die personenhafte Wirklichkeit Gottes geschaffen. Das Christentum ist die Religion, die dem Menschen eine Möglichkeit bietet, seine Urangst mit Hilfe einer intensiven Beziehung zu Gott aufzulösen.

Heute fällt es vielen Menschen schwer, eine personenhafte Beziehung zu Gott einzugehen. Die große Wirkung der Zweierbeziehung findet sich nicht nur im Glauben, sie findet ganz allgemein auch in der Psychotherapie statt, denn dort bildet das Vertrauen zwischen Therapeut und Patient die Grundlage dafür, daß sich Heilung vollziehen kann. Die Annahme des Patienten durch den Psychotherapeuten bewirkt ein Aufweichen von inneren Verhärtungen. Gefühle beginnen frei zu fließen, und es öffnen sich gleichsam neue Räume. Es treten Bilder des Heils zutage, in denen Selbstfindung und Gottfindung gleichzeitig stattfinden, dann öffnet sich der Mensch den tiefsten Schichten seines Unbewußten und den ewigen Bildern, die darin enthalten sind. Diese inneren Bilder sind die Sprache, durch die sich das Göttliche mitteilen kann. Gott ist in den Offenbarungen der Bilder des Unbewußten gegenwärtig. So kommt auch nicht von ungefähr, daß die Bibel voller Gleichnisse und Bilder ist. Diese inneren Bilder bilden die Sprache, durch die sich das Göttliche in uns mitteilen will. Wie erwähnt, finden solche Prozesse auch in Träumen statt, wobei sich das Unbewußte in einem inneren Prozeß selbst organisiert.

Das Gesagte ist hier nicht so zu verstehen, als ob nur ein Therapeut Gotteserfahrungen bewirken kann. Es dient aber als Beispiel dafür, wie groß die Kraft des Vertrauens sein kann. Die

Urangst wird nicht nur durch die personenhafte Beziehung zwischen Mensch und Gott aufgelöst. Durch die Partizipation beziehungsweise die Teilhabe an der Universalität macht der Mensch Erfahrungen eines Seinsgrundes, der höheren Wirklichkeit, die als mystische Erfahrungen bezeichnet werden. In solchen Erlebnissen hat der Mensch teil am ewigen Seinsgrund, der Unendlichkeit.

Auch die christliche Mystik kennt diese Art der Gotteserfahrung. Der bedeutendste Vertreter der christlichen Mystik war Meister Eckhart. Auch in der personalen Beziehung zu Gott sind immer Anteile einer mystischen Erfahrung enthalten, selbst wenn es der Person nicht bewußt ist.

Die von mir seit über 20 Jahren gelehrte Meditationstechnik, nach der auch Erich Fromm praktizierte, führt zu solchen universellen Erfahrungen, in der Urängste wie die Angst vor dem Schicksal und vor der Vergänglichkeit aufgelöst werden. *Bild 10* skizziert symbolisch die Auflösung der Urangst durch die Erfahrung der inneren Wirklichkeit, *Bild 11* skizziert die Auflösung der Urangst im Feld der Unendlichkeit.

Auf der tiefsten Stufe des Erlebens sind beide Erfahrungen identisch, denn dann richtet sich Ihr Bewußtsein auf die subtile Ordnung aus, die dem Sein zugrunde liegt. In solchen Meditationserlebnissen empfinden die Menschen tiefste Geborgenheit. Ängste vor dem Schicksal, der Vergänglichkeit und dem Tod lösen sich auf. Im Zustand der Erleuchtung ist der Mensch vollkommen furchtlos beziehungsweise angstfrei. Wenn Sie sich auf das Ziel zubewegen, ohne es vollkommen erreicht zu haben, dann ist auch Ihre Angstlosigkeit nicht vollständig. Sie erfahren aber die Gewißheit, daß jeder weitere Schritt in Richtung dieser Erfahrung ein weiterer Schritt in Richtung der Beseitigung der Urangst ist. Das löst in Ihnen ein Gefühl der Freude aus und gibt Ihnen Seelenstärke.

In Naturerlebnissen haben Sie gewiß schon eine Ausweitung Ihres Bewußtseins erlebt. Sie fühlen sich als Teil des Universums und erfahren Geborgenheit. Da die Struktur unseres Bewußtseins der des Universums entspricht, vermögen wir des Univer-

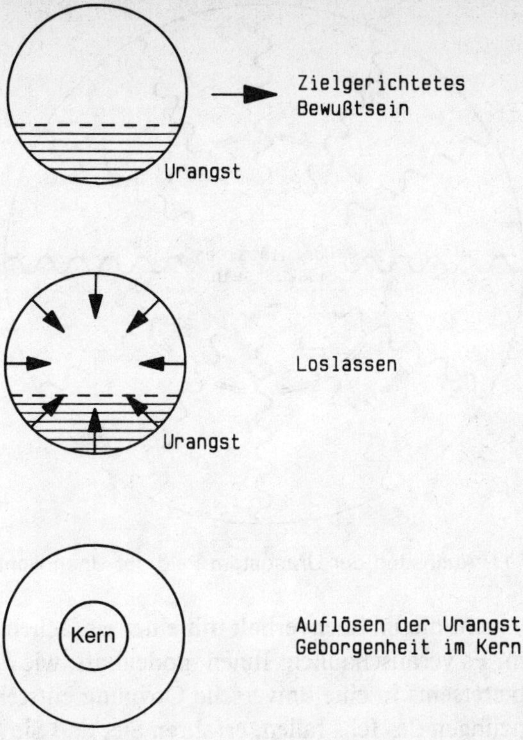

Bild 10: Auflösung der Urangst durch Erfahrung der inneren Wirklichkeit

sums und seiner Gesetze gewahr zu werden. Der Physiker und Nobelpreisträger Werner Heisenberg bemerkte in diesem Zusammenhang: ,,Dieselben organisierenden Kräfte, welche die Natur in all ihren Formen geschaffen haben, sind für die Strukturen unserer Seele und ebenso für unsere Denkfähigkeit verantwortlich.''

Naturerlebnisse verbinden Sie mit dem tiefsten Grund. Gott offenbart sich in der Natur. Urängste im Tiefenbewußtsein werden durch die Teilhabe an der Natur beziehungsweise dem Universum aufgelöst. Ihr Bewußtsein ist im Flow mit dem universellen Flow. Voraussetzung dafür ist, innerlich offen zu sein.

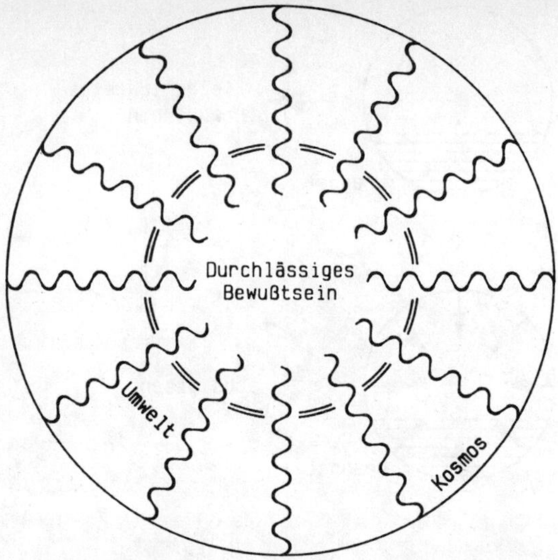

Bild 11: Auflösung der Urangst im Feld der Unendlichkeit

Bild 11 versucht diesen Sachverhalt mit einer einfachen Skizze zu beschreiben. Es veranschaulicht Ihnen modellhaft, wie das Gefühl des Eingebettetseins in eine universelle Ordnung entsteht. Indem die Abgrenzungen des Ichs fallen, erfahren Sie, daß Sie Anteil am kosmischen Bewußtsein, das bedeutet dem Geist Gottes haben.

Sie besiegen die Angst vor dem Schicksal durch die Bejahung, ein bedeutsamer, mikroskopischer Repräsentant des Universums zu sein. Sie vermögen sich den Kräften des Universums zu öffnen und davon getragen zu werden. Und mit Hilfe dieser Kräfte sind Sie in der Lage, Ihre Individualität noch besser zur Entfaltung zu bringen. Nur wenn Sie Ihre Individualität entfalten und Erfahrungen einer Universalität (Gott) erleben, entwickeln Sie sich und besiegen Ängste, die unvermeidbar mit Ihrer menschlichen Existenz verbunden sind. *Bild 12* bringt diese Notwendigkeit zum Ausdruck.

In den letzten Jahrhunderten hat die Menschheit große Fortschritte in der Differenzierung des Bewußtseins erlebt. Wir vermögen unendlich viele Objekte und Prozesse voneinander zu un-

Bild 12: Orientierung der Persönlichkeit

terscheiden. Die Fortschritte der Technik und der Naturwissenschaft haben der Menschheit die Möglichkeit gegeben, die Umwelt zu vernichten, was sie leider auch tut. Indem sich der Mensch immer mehr zum Mittelpunkt der Welt macht, löst er sich aus der Einheit der Natur. Die Folgen der Vereinseitigung sind die weltweite Zerstörung der Natur, die Abwertung der Gefühle und des Unbewußten. Eine Überwindung der tiefsten Ängste wird aber nur dann möglich sein, wenn jeder Zugang zu den verdrängten Bereichen seiner Psyche erlangt und eine tiefe Verbundenheit mit der Natur einschließlich den Tieren und Pflanzen stattfindet. Natur und Mensch, Unbewußtes und Bewußtes, Gefühl und Verstand müssen wieder zu einer Einheit werden. Sie haben es in der Hand, dazu einen Beitrag zu leisten.

Ihre Weiterentwicklung und die der Menschheit erfordert nicht nur eine Differenzierung in Richtung der Individualität, sondern auch eine Integration in Richtung der Universalität. Die Komponente der Universalität gilt es also zu verstärken, ohne die Individualität zu vernachlässigen, dann entwickelt sich das Bewußtsein eines jeden Menschen zu höheren Komplexitäten.

Kommen wir noch einmal auf die Tatsache zurück, daß sich alle lebenden Systeme selbst organisieren. Wir können heute die Evolution der Schöpfung als komplexes, ganzheitliches, dynamisches Phänomen einer universellen Entfaltung von Ordnung beschreiben. Der Geist bezeichnet die Selbstorganisationsdynamik auf vielen Ebenen. Er offenbart sich in der Dynamik der Prozesse. Mit der Auffassung des Geistes als Selbstorganisationsdynamik wird jener Dualismus zwischen Geist und Materie aufgehoben, der das westliche Denken zwei Jahrtausende geprägt hat.

Sämtliche Organisationsprinzipien, die im Kosmos wirken, können wir als „Gott" bezeichnen. Mit einer solchen Vorstellung Gottes kommen wir den Vorstellungen der Naturwissenschaft sehr nahe. Gott ist sowohl das Unentfaltete, also reines Potential, als auch das Vollentfaltete.

Das Potential als Ursprung für alle Entwicklung wird im Buddhismus „Shunyata" genannt. Da die Evolution noch nicht den Endpunkt erreicht hat, den Teilhard de Jardin als Punkt Omega bezeichnet, sind wir vom Vollentfalteten noch weit entfernt. Die Verbundenheit unseres eigenen Lebensprozesses mit der Dynamik eines allumfassenden Universums wird im mystischen Erleben zugänglich. Derartige Erfahrungen ermöglichen die von mir gelehrte Meditationsmethode: Das Gefühl, in Resonanz mit dem Universum zu sein, können Sie wie erwähnt in Naturerlebnissen, beim Betrachten eines Kunstwerkes oder vielleicht im Sport haben, wenn Ihnen etwas Besonderes gelungen ist.

Wenn sich Abgrenzungen des Ichs öffnen, tritt das Bewußtsein des Menschen in Resonanz mit den kosmischen Ordnungsprinzipien. Das Gefühl des Eingebettetseins in eine universelle Dynamik nimmt Ihnen die Urangst. Sie erfahren intuitiv, daß Ihre Geburt, Ihr Leben und Ihr Tod Teile einer universellen Evolution sind. Ihr menschlicher Geist hat Anteil am universellen Weltgeist und an seiner Evolution. Und so sind Sie mit der Evolution des Universums auf alle Zeit verbunden. Sie werden die Urangst nur dann verlieren, wenn Sie Ihr Leben bejahen und es leben. Je mehr Sie zum Erleben und zur Hingabe an den Augenblick fähig sind, desto mehr werden Sie die spirituelle Dimension Ihrer Existenz erfahren. Wenn Sie loslassen, kommen Sie mit dem „Ursprung" in Kontakt.

Eine Bewältigung der Urangst setzt also voraus, sich nicht nur mit den materiellen Dingen des Lebens und der Verstärkung des Egos zu beschäftigen. Sie besiegen die Urangst nur dann, wenn sich Ihr Bewußtsein über die egozentrischen Interessen hinaus allgemeingültigen Wahrheiten widmet und sich der schöpferischen Lebensgestaltung, dem Bereich des Schönen und des intuitiven Lebens hingibt.

Kapitel 2

Die schädlichen Angstabwehrmechanismen

Warum es notwendig ist, sich mit den Angstabwehrmechanismen auseinanderzusetzen

Die Angst ist wie jedes andere Gefühl als Erfahrung real. Wenn Sie versuchen, vor der Erfahrung zu flüchten oder sie zu verdrängen, dann wird sie Sie immer wieder einholen. Die Lösung liegt vielmehr in der Kontaktaufnahme mit dem Gefühl der Angst. Denn wer Angst vor der Angst hat, wird die Angst niemals verlieren.

Im Kapitel 1 haben Sie bereits erfahren: Für den Menschen unangenehme Einflüsse bringen das Bewußtsein in einen Zustand der Angst, der durch Unordnung, das heißt durch unterschiedliche Grade des Chaos charakterisiert ist. Die Aufgabe eines jeden Menschen ist es, dieses Chaos im Bewußtsein durch Flow-Prozesse wieder in Ordnungszustände umzuwandeln. Das tun Sie dann, wenn Sie mit den kleinen und großen angstauslösenden Herausforderungen des Lebens richtig umgehen. Die Angst besitzt Aufforderungscharakter und soll Sie dazu veranlassen, sich der Realität zu stellen.

Es ist wichtig, die Angst zu spüren und sich nicht selbst zu verurteilen, weil Sie Angst haben. Natürlich lesen sich diese Zeilen leichter, als es tatsächlich ist, doch wollen Sie ihre Lebendigkeit zulassen und erfahren, dann scheuen Sie nicht vor der Wahrnehmung des Angstgefühls zurück.

Zunächst ist es notwendig, sich mit den Bemühungen zu beschäftigen, mit denen Menschen ihre Ängste abwehren und ihrer Wahrnehmung aus dem Wege gehen. Nicht die normale Angst führt in die seelische Krankheit, sondern die Art und Weise der Angstbewältigung. Wird mit der Angst nicht richtig umgegangen – also Angstabwehrmechanismen angewandt – führt das zur Erkrankung von Körper, Seele und Geist.

Jeder praktiziert die Angstabwehrmechanismen individuell. Der eine tendiert mehr zur Rationalisierung, der andere mehr zur Projektion. Nicht selten wendet jemand alle Angstabwehrmechanismen an, von denen wiederum einige häufiger praktiziert werden. Die verschiedenen Angstabwehrmechanismen sind eng miteinander verbunden und treten im wechselseitigen Zusammenspiel auf.

Werden die Angstabwehrmechanismen nicht zu häufig angewandt, so halten sich die negativen Auswirkungen in Grenzen. In jedem Fall engen sie aber das Leben jedes Menschen ein.

Die Angstabwehrmechanismen sind Verhaltensweisen, um mit der Wirklichkeit „besser" zurecht zu kommen. Sie führen jedoch von der Realität fort, wie Sie noch sehen werden. Verliert der Mensch die Kontrolle über die Abwehrmechanismen, so führt das im Extremfall bis zur Neurose und Psychose. Die Angstabwehrmechanismen erscheinen dem Anwender wie eine List, mit der Angst und der Realität geschickter und erfolgsgerechter umgehen zu können. Sie lösen aber jeden aus dem Kontakt mit der Wirklichkeit und führen zum Selbstbetrug.

Das Kapitel will Ihnen helfen, Ihre individuellen Angstabwehrmechanismen zu erkennen. Vermögen Sie Ihre eigenen Angstabwehrmechanismen zu durchschauen, können Sie sich auch davon distanzieren.

Identifizierung

Die Identifizierung stellt eine der Abwehrmechanismen dar, mit denen Ängste verdrängt werden. Freud hat zum Verständnis dieses Mechanismus das Drei-Instanzen-Modell entwickelt.

Auf das Ich wirkt das Es, das den Triebbereich mit dem Sexualtrieb darstellt. Nach Freud besitzt das Kind zunächst ein Es und noch kein Über-Ich. Durch Gebote werden dem Kind moralische Wertvorstellungen und Normen vermittelt. Aus Angst vor einer Strafe übernimmt das Kind die Normen der Autoritäten. Durch die Identifizierung mit den Normen der Autoritäten entwickelt sich das Über-Ich.

Wird der Einfluß des Über-Ichs auf das Ich sehr groß, so führt dies zu einer zwangshaften Anpassung.

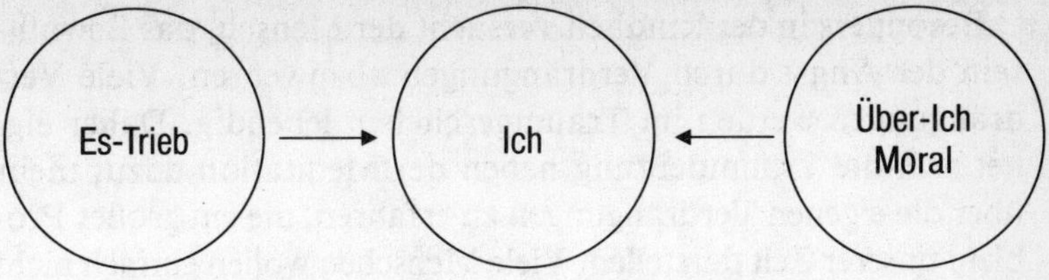

Bild 13: Das Drei-Instanzen-Modell nach Freud

Leider ist den wenigsten Menschen bewußt, daß sie sich, um die Angst vor einer Strafe abzuwenden, mit den Forderungen der Autoritäten identifizieren. So geben Kinder Bedrohungen weiter oder verdrängen ihre Angst vor Gespenstern, indem sie in beiden Fällen selbst den Bedroher spielen. Auch Erwachsene verfahren nach dem Sündenbockprinzip. Sie wehren sich nicht gegen den Bedroher und geben Frustrationen einfach weiter, indem sie sich mit dem Frustrationsverursacher identifizieren.

Verdrängung

Die Verdrängung ist der häufigste Abwehrmechanismus, der sowohl von seelisch gesunden als auch seelisch kranken Menschen gegen die Angst angewandt wird. Ein Wunsch, der aus dem Es entspringt, wird vom Über-Ich nicht erlaubt und ins Unterbewußtsein verdrängt. Um die Verdrängung im Unterbewußtsein aufrechtzuerhalten, wird viel Energie benötigt.

Verdrängungen gibt es zum Beispiel dann, wenn die Selbstbehauptung gegenüber Autoritäten Angstgefühle erzeugt. Meist wird auch eine unangenehme Wahrheit verdrängt, die Angst auslöst. Solche Verdrängungen können in bestimmten Situationen oder bei gewissen Reizen Spannungen auslösen und beeinflussen in einem großen Umfang die Entscheidungen, selbst wenn sich der Mensch keiner Angst bewußt ist.

Besonders in der Kindheit versucht der Mensch, das Bewußtsein der Angst durch Verdrängungen abzuwehren. Viele Verdrängungen werden im Traumgeschehen lebendig. Daher eignet sich die Traumdeutung neben der Meditation dazu, mehr über die eigenen Verdrängungen zu erfahren, die ein großes Problem unserer Zeit darstellen. Viele Menschen wollen einfach nicht zur Kenntnis nehmen, daß pro Woche in den Entwicklungsländern etwa 200 000 Kinder an Hunger und mangelnder medizinischer Versorgung sterben. Sie verdrängen die Abholzung des Regenwaldes, die unweigerlich zur Klimakatastrophe führt. Solche Menschen sind stolz auf ihre angebliche psychische Stabilität, die sie jedoch mit einem massiven Verdrängungsprozeß verwechseln.

Projektion

Die Projektion bezeichnet einen Abwehrmechanismus, der eng mit der Verdrängung verbunden ist. Die ins Unterbewußtsein verdrängten Inhalte werden auf andere Menschen projiziert, um sich nicht selbst damit auseinandersetzen zu müssen.

Bei der Projektion wird die Wirklichkeit verzerrt. So bringt die Angst vor Ablehnung den Ängstlichen dazu, den Kontaktfreudigen als jemanden anzusehen, der sich jedem anbiedert.

Projektionen spielen immer dann eine Rolle, wenn der Selbsterkenntnis aus dem Weg gegangen wird. So projizieren Eltern oft ihr eigenes Fehlverhalten auf die Kinder. Und nicht wenige Erwachsene wollen sich von eigenen Fehlern dadurch entlasten, daß sie ein Sündenregister ihrer Eltern konstruieren.

Während Stimmungsprojektionen harmloser Art sind, führen Projektionen, die auf Verdrängungen beruhen, zur erheblichen Verzerrung und Täuschung der Wirklichkeit. Wenn Sie eine Verdrängung unterlassen, brauchen Sie sie nicht auf Ihre Mitmenschen projizieren, um sie auf diese Weise zu bekämpfen.

Verschiebung der Symptombildung

Beim Prozeß der Verschiebung verlagert der Mensch seine Energien auf ein Ersatzziel, da das Erreichen des eigentlichen Zieles nicht möglich erscheint. Wer zum Beispiel keinen beruflichen Aufstieg bewerkstelligen kann, versucht im Verein eine führende Rolle einzunehmen. Viele Menschen unterdrücken ihre Sehnsucht nach Erlebnissen und Abenteuern, da die Umwelt Konformität und Normverhalten fordert. Deshalb wird das Bedürfnis nach Erlebnissen auf Ersatzerlebnisse verschoben, die Fernsehen, Filme und Romane liefern. Hinter dem Prozeß der Verschiebung steht die Angst vor der Entfaltung des individuellen Lebens, die für die meisten Menschen bestimmend ist. Und so dient auch dieser Mechanismus der Angstbewältigung.

Wer seine Frustration nicht nach außen lenkt und sie verdrängt, richtet sie gegen sich selbst und seine Organe, und es entwickeln sich Symptome wie Kopfschmerzen, Herzstiche, Herzrhythmusstörungen, niedriger und hoher Blutdruck, Muskelverspannungen, Magen- und Darmgeschwüre, Kreislauf- und Schlafstörungen. Zu diesen Symptomen kommen noch psychische Symptome hinzu wie innere Spannungen, Reizbarkeit und depressive Stimmung. Die meisten Ärzte versuchen, die Symptome mit Psychopharmaka zu behandeln, oder geben den Rat: „Treiben Sie Sport."

Da viele Menschen sich nicht mit ihren Verschiebungen auseinandersetzen und sie auch nicht als psychisch verursacht begreifen wollen, sind ihnen die chemischen Therapien der Ärzte durchaus recht.

Die Symptombildung ist ein Mechanismus, der dem Willen nicht zugänglich ist; um sie zu vermeiden, ist ein Lenken der Frustration nach außen gewiß vorzuziehen. Wenn die Auseinandersetzung mit dem Frustrationsauslöser nicht möglich ist oder auch andere Umstände dagegen sprechen, empfiehlt sich eine Umsetzung der aggressiven Energien im Sport. Auch durch ein Engagement in Gruppen, die auf friedvolle Weise gegen Mißstände kämpfen, kann die Frustration in eine sinnvolle Richtung gelenkt werden.

Reaktionsbildung

Die Reaktionsbildung unterdrückt Wahrheiten, die einen ängstigen, und verkehrt sie uns ins Gegenteil, da das Über-Ich die Wahrheit nicht zuläßt.

Dazu ein Beispiel: Eine Angestellte hatte sich über ihre Chefin schon wiederholt geärgert, da sie ihr mehr Arbeit zuteilte als den anderen Mitarbeitern. Ihr strenges Über-Ich duldet die Wut und den Haß nicht. Die Moralvorstellung des Über-Ichs lautet: ,,Du mußt ein guter Mensch sein. Ein guter Mensch ist nicht wütend und haßerfüllt.'' Die Reaktion auf den nicht erlaubten Haß ist vorgetäuschte Freundlichkeit. Sie ist gekennzeichnet durch ihre Übertriebenheit und wird auch daran als aufgesetzt erkannt.

Vermeidung

Die einfachste und häufigste Methode, die Angst abzuwehren, besteht darin, die angsterregenden Umstände zu vermeiden. Die Vermeidung kann auch unbewußt erfolgen. Hier merkt der Mensch zwar, daß er etwas aus dem Weg geht, er macht sich aber nicht die Gründe dafür bewußt. Eine Möglichkeit, der Angst zu entgehen, ist, eine Zuschauerrolle einzunehmen. Im Extremfall setzt sich der Mensch vor den Fernseher, um nicht mit der angsterregenden Realität konfrontiert zu werden. Doch so wird die Angst nicht abgebaut, sondern nur verstärkt. Wenn der Erwachsene solche Vermeidungsstrategien praktiziert, stellt er die Wirklichkeit auch immer gefährlicher dar, als sie tatsächlich ist.

Bevor ich vor einigen Jahren eine längere Reise nach Südamerika und zu den dort in der Wildnis lebenden Indianern antrat, warnte mich ein Lehrer vor den gesundheitlichen Risiken einer solchen Reise. Als ich nach mehreren Monaten zurückkehrte, war ich noch vollkommen gesund. Mein „Ratgeber" mußte sich dagegen einer ärztlichen Behandlung unterziehen. Nach Meinung des Arztes hatte er sich die bei ihm festgestellten Würmer während eines Paris-Besuches in einem Hotel „geholt".

Die Vermeidungshaltung hindert viele Menschen daran, ihr Leben zu leben.

In einem Buch beschreibt Reinhold Messner, daß die vielen Besucher seiner Lichtbildervorträge ihn und seine Erlebnisse als einen Ersatz für ihr ungelebtes Leben ansehen. In seinem Buch „Antarktis" berichtet er über seine Auseinandersetzungen mit der Angst vorausgegangener Expeditionen: „In diesem Spannungsbogen zwischen Begeisterung und Angst, zwischen dem Um-die-Gefahr-Wissen und Die-Gefahren-Fürchten war jene Energie entstanden, die mich über mich selbst hatte hinauswachsen lassen."

Mit diesem Spannungsverhältnis muß sich jeder auseinandersetzen. Der Vermeider drückt sich davor, er wird zum „Trockenschwimmer" des Lebens, er will gleichsam schwimmen lernen, ohne sich naß zu machen.

In meinen Vorträgen und Seminaren erlebe ich nicht wenige solcher Menschen. Sie wollen alle Sicherheiten und Garantien, bevor sie eine Sache anfangen. Aus Angst sind sie nicht bereit zu akzeptieren, daß jede Sache ein Risiko mit sich bringt. Nur wer sich mit seinen Ängsten intensiv beschäftigt und seine Vermeidungsstrategien aufgibt, verwandelt die Angst in eine konstruktive Kraft.

Abschirmung und Betäubung

Die Abschirmung ist immer mit mangelnder Offenheit verbunden. Hierbei schirmen sich Menschen gegen das ab, was sie von außen oder von innen ängstigen könnte.

Um die angstauslösenden Umstände des täglichen Lebens besser ertragen zu können, greifen viele zu Psychopharmaka. Tranquilizer (Beruhigungsmittel) dämpfen Erregungszustände, weil sie einen Einfluß auf das Zentralnervensystem haben, und schwächen die Symptome. Sie verringern nicht die Entropie im Bewußtsein und beseitigen nicht die Ursachen. Voraussetzung für die Angstbewältigung ist nämlich, die Angst als Bestandteil unseres menschlichen Lebens und als Anzeichen für eine Bedrohung zu akzeptieren.

Auch die Betäubung mit Alkohol ist ein häufig praktizierter Angstabwehrmechanismus. Das Selbstwertgefühl und die psychische Stabilität werden immer schwächer, die psychische Spannung und die Störung wachsen.

Rationalisierung

Die Rationalisierung bezeichnet das verstandesmäßige Rechtfertigen eines Verhaltens, um die wahren Gründe zu verbergen. Diese werden mit Ausreden überdeckt, oder es werden unwahre Gründe vorgetäuscht.

Zwangshandlung

Wenn jemand bestimmte Dinge, auch sinnlose Dinge, nicht mehr anders zu tun vermag, sprechen wir von Zwang.

Im täglichen Leben führen Handlungen des Noch-einmal-nachsehen-Müssens, ob nichts vergessen wurde oder ob die Wohnung auch wirklich verschlossen ist, wobei die Kontrollen sogar mehrfach wiederholt werden, zu zeitraubenden Zwängen. Versucht der Betroffene, die Zwangshandlung nicht auszuführen, treten Beunruhigungen und Ängste auf. Solche Zwänge werden vor sich und anderen rationalisiert. Hilfe gegen die Zwangshandlungen ist das Bewußtmachen der Ursachen der Zwänge.

In seinem zwanghaften Verhalten möchte der Betroffene dem Leben vorschreiben, wie es zu sein hat. Denn nach seiner Ansicht verhindert nur die Kontrolle über das Durcheinander des Lebens, daß nichts geschieht, was nicht geschehen darf. Mit den Zwangsritualen soll das Leben unter Kontrolle gebracht werden. Die Ursache ist die Angst, den Anforderungen nicht mehr zu genügen. Mit seinem zwanghaften Handeln versucht der Mensch, die Angst zu binden, die ihn bewegt. Wenn sich jemand wiederholt oder ständig derartig gegen jeden Irrtum abzusichern versucht, daß die Arbeit nie fertig wird, so stellt das Sich-absichern-Müssen ebenfalls eine Zwangshandlung dar.

Zwangshandlungen sind auch bei Dogmatikern aller Religionen zu finden. Solche Menschen halten an Dogmen und Riten um so starrer fest, je mehr sie ihnen unbewußt einen Angstschutz zu geben scheinen. Wenn andere die Dogmen in Frage stellen, wird der Dogmatiker aggressiv, da sein Angstschutz gefährdet ist.

Zwangshandlungen bestehen auch darin, alles in Systeme einordnen zu wollen, um es lückenlos zu beherrschen.

Das übertriebene Selbstkontrollieren ist auch eine Zwangshandlung. Dahinter verbirgt sich die Angst, alles würde unsicher, wenn die Kontrolle nachläßt. Immer wenn ein Zwang, zum Beispiel der Wasch- oder Grübelzwang, unterlassen wird, wird die darin lebende Angst frei.

Regression und Fixierung

Da jedes Alter seine eigenen Reifungsprozesse aufweist, haben wir uns mit den dazugehörigen Ängsten auseinanderzusetzen. Wenn die Belastungen stark werden, kann der Mensch in eine frühere Entwicklungsperiode zurückfallen, um der Angst zu entgehen. Dieser Angstabwehrmechanismus wird als Regression bezeichnet.

Eng verwandt mit der Regression ist die Fixierung. Die Fixierung ist eine Verkümmerung eines Aspektes der Persönlichkeit, damit der Mensch die Angst vermeidet, die mit der Weiterentwicklung verbunden ist. Die Folge ist: Obwohl jemand erwachsen ist, zeigt er unreife Wesenszüge und Verhaltensweisen.

Rollenspiel

Jeder Mensch sehnt sich nach Sicherheit und Freiheit. Wer aber aus seinem üblichen Rollenverhalten ausbrechen will, fühlt sich verunsichert und entwickelt Angst. So dominiert bei vielen Menschen das Verlangen nach Sicherheit, wobei das Verlangen nach Freiheit verkümmert.

Die Rolle ist eine Maske, die nur eine Scheinsicherheit gibt. Im Rollenverhalten spielt jeder das, was die Umwelt von ihm erwartet. Zu den wichtigsten Rollen zählen die Berufsrolle, die Geschlechtsrolle und die Statusrolle. Zugegeben, die eigene Individualitätsfindung ist nicht leicht, doch Tatsache ist: Sie sind einmalig und mit ganz besonderen Begabungen ausgestattet, die auf bestimmte Ziele ausgerichtet sind.

Wie C. G. Jung bin ich der Ansicht, daß eine Persönlichkeitsanalyse nach dem Geburtshoroskop dazu beiträgt, Ihre Individualität zu erkennen. Wie Sie eine solche erhalten, ist am Ende des Buches angegeben. Nur wenn Sie sich selbst und Ihre Überfremdung durch die Außenwelt erkennen, sind Sie auf dem besten Weg, Ihre Persönlichkeit zu entfalten.

Gefühlspanzerung

Neben dem Rollenspiel dient die Gefühlspanzerung dazu, sich noch besser anzupassen. So verdrängen viele Menschen ihre Gefühle. Es wurde schon darauf hingewiesen, wie wichtig die Einheit von Körper, Geist und Emotionen ist. Bekennen Sie sich zu Ihrer Sensibilität. Dies läßt eine heilvolle Angst zu, da sie die Verdrängung verhindert.

Abwehr- und Fluchtmechanismen

Die Abwehrmechanismen treten in den meisten Fällen konzentriert auf. So erfolgt beispielsweise die Identifizierung immer im Zusammenhang mit der Verdrängung, Projektion, Reaktionsbildung und Rationalisierung. Um die Abwehr weiter zu praktizieren, muß der Mensch die Wirklichkeit so weit verdrehen, bis sie ihm mit dem Abwehrmechanismus vereinbar erscheint.

Mit dem Abwehrmechanismus schirmt sich der Mensch nicht nur von der Wirklichkeit ab. Für die Realisierung des Abwehrmechanismus muß auch viel psychische Energie eingesetzt werden. Der bei der Aufrechterhaltung der Abwehrmechanismen entstehende Druck erzeugt zusammen mit dem Streß des Alltags eine Spannung. Diese bewirkt Ratlosigkeit und ein Gefühl, daß etwas geschehen müsse, ohne daß die Ursache des Gefühls bekannt ist oder die Person weiß, was sie genau tun müßte. Jeder weiß um diese Spannungen.

Um zu einer Entspannung zu gelangen, flüchten sich Menschen in verschiedene Verhaltensweisen. Sie werden auch als

Ablenkungs- oder als Fluchtmechanismen bezeichnet. Ein solcher Mechanismus wird so lange angewendet, wie die Situation ihn zu erfordern scheint. Es existieren viele Fluchtarten. Zum Beispiel:

- Ziellose Überaktivitäten, wie Auf- und Abgehen, häufiges Sich-Kratzen, Rauchen, Flucht in den Schlaf.
- Konsum von alkoholischen Getränken und Drogen.
- Arbeitssucht – die Arbeit lenkt von der Angst ab, und durch Erfolge wird das Überlegenheitsgefühl gefestigt.
- Aggressionen – der Angepaßte versucht durch Leistungsverhalten seine Aggressionen zu kanalisieren.
- Progressionismus – bei diesem Fluchtverhalten wird das Glück in der Zukunft gesucht und es werden Luftschlösser gebaut, aber die Ziele werden nicht tatkräftig angestrebt.
- Hedonismus – mit Essen, Trinken, Amüsement und Geselligkeit wird vor der Angst geflüchet.

Neben diesen nach außen gerichteten Fluchtmechanismen werden auch solche praktiziert, die nach innen gerichtet sind. Es sind dies:

- Die Flucht in die Anpassung. Durch Anpassung versuchen viele Menschen Anerkennung zu gewinnen, um ihre Angst vor der Isolation zu verlieren.
- Die Flucht in die Nekrophilie, die eine lebensverneinende Grundhaltung bezeichnet. Hierbei orientiert sich der Mensch nur an Besitz, Gesetzen und Institutionen und nicht an der Lebendigkeit.
- Die Flucht in die Enge, wobei die „Sicherheit" eines Käfigs der vermeintlichen Unsicherheit des Lebens vorgezogen wird.
- Die Charaktermaske. Bei diesem Fluchtverhalten zeigt sich der Mensch so, wie er erwünscht ist, und vermeidet eine Persönlichkeitsentfaltung.
- Die Flucht in die Verdrängung, um die Gefahren der Expansionsgesellschaft zu verharmlosen.

Wie Sie erkennen, überschneiden sich die Fluchtmechanismen mit den erwähnten Abwehrmechanismen.

Bewältigung der Abwehrmechanismen

Die Intelligenz hilft dem Menschen zwar, die Abwehrmechanismen zu durchschauen, eine hohe Intelligenz schützt aber nicht davor, ein Opfer der Abwehrmechanismen zu werden.

Wie ist nun bei der Bewältigung der Abwehrmechanismen vorzugehen? Gehen wir dazu die verschiedenen Abwehrmechanismen der Reihe nach durch.

Identifizierung

Da der Prozeß der Identifizierung oft schon in frühester Kindheit erfolgt, ist er besonders schwer rückgängig zu machen. Das Auflösen dieser Identifizierung erfolgt durch den Prozeß der Persönlichkeitsentfaltung und braucht viel Zeit. Denken Sie darüber nach: Welche Ziel- und Wertvorstellungen haben Sie? Welche Einflüsse der Umwelt hat es dabei gegeben? Womit haben Sie sich identifiziert, um die Welt zu beeindrucken? Was wäre in Ihrem Leben wichtig, wenn Sie nur noch ein Jahr zu leben hätten? Nun bedeutet das Erkennen einer Identifizierung noch längst keine Bewältigung. Die Bewältigung einer Identifizierung erfordert nicht selten Monate, wenn nicht Jahre. Nach meinen Erfahrungen sind hierbei besonders hilfreich Bejahung, Imagination und Visualisierung. All diese Verfahren sind Techniken, die eigenen Kräfte auf das Ziel zu lenken, ohne jedoch zum Opfer einer Erstarrung und Einseitigkeit zu werden. Wir werden auf diese Techniken in Kapitel 4 eingehen. Das Wissen um die Gefahren einer Identifizierung macht es Ihnen leichter, nicht zum Opfer neuer Identifizierungen zu werden, die von der Umwelt als Forderungen an Sie herangetragen werden. Seien Sie auf der Hut, sich nicht durch Werbung, Politiker oder Kirchen einreden zu lassen, was in Ihrem Leben wichtig zu sein hat.

Ich habe viele Menschen kennengelernt, die sich ihr Leben lang mit unterdrückenden Autoritäten identifiziert haben, um sehr spät festzustellen, daß ihr eigentliches Leben an ihnen vorbeigegangen ist. Dagegen hilft nur, sich auf sich selbst zu besinnen und die eigene Individualität zu entfalten.

Es hilft aber auch noch etwas anderes, um die starke Fixierung der Identifizierung aufzubrechen. Dies ist die Bewußtmachung Ihrer Vergänglichkeit und der kurzen Zeit auf Erden, die Ihnen zur Verfügung steht. Je mehr Sie sich dieser Tatsache bewußt werden, die die letzte Realität ist, um so deutlicher enthüllen sich alle Abwehrmechanismen als Lug und Trug. Denken Sie wenigstens einmal in der Woche über die Vergänglichkeit Ihres Lebens nach, dann wird Ihnen Ihre innere Stimme dabei helfen, das für Sie Richtige zu tun.

Verdrängung

Wer seine Verdrängungen aufgibt, sieht die Wirklichkeit so, wie sie tatsächlich ist, und gelangt zu mehr Selbsterkenntnis. Besonders die von mir gelehrte Achtsamkeits- und Vertiefungsmeditation ermöglicht im Zustand der inneren Sammlung das Aufsteigen von Bewußtseinsinhalten aus dem Tiefenbewußtsein. Die Achtsamkeitsmeditation steigert nicht nur die Konzentrationskraft, sondern auch die Wachheit und Bewußtheit im Alltag, die Verdrängungen entgegenwirken. Deshalb wurde sie auch von dem verstorbenen Psychoanalytiker Erich Fromm, der durch Bücher wie „Haben oder Sein“ weltweit bekannt ist, selbst praktiziert und Mitmenschen empfohlen.

Hüten Sie sich vor Verdrängungen. Wenn Sie über Ihre Wünsche und Ängste mit einem guten Freund oder dem Lebenspartner reden, verhindern Sie eine Verdrängung dieser Belastungen ins Unterbewußtsein.

Da im Traum Verdrängungen lebendig werden, stellt die bereits erwähnte Traumdeutung eine große Hilfe zu ihrem Erkennen dar.

Zur Bewußtmachung von Verdrängungen eignen sich auch sehr gut die 23 Tarot-Karten des großen Arkana. Die Karten zeigen je ein Bildsymbol, das eine Stufe in der menschlichen Entwicklung dargestellt. Der ganzgewordene Mensch hat alle 23 Bewußtseinsstufen in sich integriert.

Um Menschen bei der Selbsterkenntnis zu helfen, lasse ich sie manchmal diejenige Karte heraussuchen, die sie besonders mögen, und diejenige, die sie nicht mögen. Da das Tiefenbewußtsein durch das Bild unter Umgehung des Verstandes direkt angesprochen wird, verrät eine Abneigung gegen eine bestimmte Karte sehr viel über eine Verdrängung. Die größte Verdrängung beinhaltet das Problem des Todes, der jedem bevorsteht. Zur Selbstbeschwichtigung wird der Tod als vermeidbare Panne betrachtet. Wer stirbt, hat falsch oder zuviel gegessen, hat zuviel getrunken oder geraucht, sich nicht genug bewegt oder was es auch immer sein mag. So wird der Tod in einem gewaltigen Verdrängungsprozeß als vermeidbares Ereignis gesehen. Wer das empfohlene Denken an die eigene Vergänglichkeit praktiziert, wird mit dieser Verdrängung besser umgehen können.

Projektion

Sie werden Ihre eigenen Projektionen dann um so leichter bewältigen, wenn Sie Ihre eigenen Schwächen kritisieren und nicht die Schwächen der Mitmenschen. Wenn Sie Ihre Mitmenschen kritisieren wollen, so stellen Sie sich folgende Fragen: Stört mich am anderen eine Eigenschaft, weil ich sie selbst habe? Greife ich eine Schwäche eines Mitmenschen deshalb an, weil ich sie selbst besitze?

Nur die Ehrlichkeit gegenüber sich selbst kann den Abwehrmechanismus der Projektion abbauen. Das bedeutet natürlich nicht, bei sich selbst nur Schwächen zu erkennen. Der selbstbewußte Mensch verwirklicht die Selbstkritik ebenso wie die Selbstbejahung.

Verschiebung und Symptombildung

Wer aus Angst sein eigentliches Ziel nicht anstrebt und sich dafür ein Ersatzziel sucht, wird das Opfer seiner eigenen Verschiebung. Einer solchen Verschiebung ist daher meistens abzuraten.

Nun kann es aber durchaus sein, daß die Umstände es erfordern, eine Verschiebung der Wünsche vorzunehmen. Wenn zum Beispiel die Stimmbegabung einer Frau nicht ausreicht, um Berufssängerin zu werden, kann sie ihrer Gesangsleidenschaft in der Freizeit in einem Gesangsverein nachgehen. Hinter einer solchen Vermeidung steht eine klare Selbsterkenntnis und nicht ein Ausweichen vor der Realität.

Wenn Sie von jemandem Verhaltensweisen erfahren, die bei Ihnen Frustrationen auslösen, dann bekommt derjenige Ihren Mißmut darüber zu spüren, der sie auslöst. Machen Sie nicht den Fehler, die geweckten Aggressionen bei Schwächeren abzureagieren, nur weil Ihnen der Mut fehlt, sich mit dem Aggressionsauslöser auseinanderzusetzen. Ein solches Fehlverhalten würde auch an Ihrer Situation nichts ändern, da Sie sich gegen Ihren Unterdrücker nicht wehren.

Natürlich können Sie Ihren Zorn auch durch Sport in Bewegungsenergie umsetzen, doch das eigentliche Problem wird nicht gelöst.

Eine Symptombildung zu verhindern ist keine leichte Aufgabe. Werden Sie das Opfer einer Symptombildung, dann ist das ein deutliches Zeichen dafür, daß Sie überfordert sind und sich in einem Konflikt befinden. Wenn Sie psychosomatische Symptome bei sich erkennen, müssen Sie Ihre Kräfte energisch nach außen lenken. Nehmen Sie auch eine Änderung Ihrer Lebensumstände vor. Wenn Ihre Probleme zu kompliziert sind, wird ein Gespräch mit einem Fachmann notwendig sein.

Reaktionsbildung

Sie vermeiden die Reaktionsbildung, wenn Sie sich so geben, wie Sie sich fühlen. Es wäre also falsch, einer Person, die Ihnen geschadet hat, freundliche Gefühle entgegenzubringen, nur weil Sie Angst vor ihr haben. Zeigen Sie Ihre Sympathie den Menschen, die Sie schätzen, und verbergen Sie Ihre Zuneigung nicht hinter einer zur Schau gestellten Distanz und Ironie. Zeigen Sie Ihre wahren Gefühle, so fördert das Ihre Persönlichkeitsentwicklung. Ein solches Verhalten erfordert weniger Energie, als sich in eine Reaktionsbildung zu flüchten.

Vermeidung

Ebenso wie alle Abwehrmechanismen führt auf Dauer auch die Vermeidung in die seelische Krankheit. Wenn Sie die Vermeidung praktizieren, werden Sie nie Erfolgserlebnisse haben und Ihre Unsicherheit nimmt zu. Dann haben Sie nie das Gefühl, richtig zu leben, und spüren, das Leben geht an Ihnen vorbei.

Es fällt Ihnen leichter, sich von einem solchen Abwehrmechanismus zu trennen, wenn Sie bejahen, daß zum Leben der Erfolg ebenso wie der Mißerfolg gehören. Es schmälert nicht Ihren Wert als Mensch, wenn Sie gelegentlich einen Mißerfolg verzeichnen. Selbst wenn Sie mit einem solchen Mißerfolg konfrontiert werden, können Sie aus ihm lernen. Sie müssen die Tatsache bejahen: Das ganze Leben ist ein Prozeß, bei dem Sie wie jeder andere auch immer neue Erfahrungen „er-leben". Nur so nehmen Sie am Leben teil und bringen sich nicht selbst um Ihr eigenes Leben. Bejahen Sie die Herausforderungen, und betrachten Sie sie als Möglichkeit zu reifen.

Abschirmung und Betäubung

Vermeiden Sie eine Abschirmung durch Psychopharmaka. Hilfreicher ist es, wenn Sie die erwähnte Meditationsübung durchführen. Vorteilhaft ist auch ein längerer Spaziergang, da das Erleben der Natur Spannungen reduziert. Ebenso wie die Meditation weckt ein Spaziergang Ihre Intuition, die Ihnen hilft, eine Lösung des Problems zu finden. Flüchten Sie auch nicht in die Betäubung. Trinken Sie keinen Alkohol, wenn Probleme Sie belasten. Nehmen Sie Ihre quälenden Gedanken und Ihre unangenehmen Gefühle bewußt wahr. Erleben Sie sich selbst. Die Achtsamkeit auf Ihre eigenen Gefühle ist etwas ganz anderes, als unter Zwang immer neue negative Gefühle zu produzieren.

Rationalisierung

Wenden Sie nicht die Rationalisierung an, um sich einer beunruhigenden Tatsache nicht stellen zu müssen. Vermeiden Sie die Rationalisierung, indem Sie sich Ihre eigenen Wünsche bewußtmachen. Halten Sie Ihre Ziele auf einem Blatt Papier fest. Überarbeiten Sie die Liste mehrmals, und schreiben Sie sie nach jeder Überarbeitung wieder sauber ab. Das Niederschreiben der Wünsche verhilft Ihnen zu größerer Klarheit. Die Meditation und die damit verbundene innere Sammlung erleichtern es Ihren Wünschen, aus der Tiefe Ihres Unterbewußtseins emporzusteigen.

Zwangshandlung

In Kuala Lumpur wurde ein Mann mit einer Schulterverrenkung ins Krankenhaus gebracht. Was war passiert? Ein Affe, der darauf dressiert war, auf hohe Kokospalmen zu steigen, um Nüsse abzudrehen, war dem Mann auf die Schulter gesprungen und hatte sich an seinem Kopf zu schaffen gemacht.

Gewiß wollen Sie nicht wie der Affe zum Opfer einer Zwangshaltung werden.

Seien Sie achtsam bei Handlungen, die Sie oft wiederholen. Fragen Sie sich: Ist diese Handlung überhaupt notwendig? Steht die Zwangshandlung im Zusammenhang mit der Angst, die Sie beschäftigt? Oder verbirgt sich dahinter eine unbewußte Angst? Reduzieren Sie die Anzahl der Zwangshandlungen. Stellen Sie sich der Angst. Finden Sie heraus, was Ihre Angst auslöst.

Regression und Fixierung

Sie überwinden sowohl die Regression als auch die Fixierung durch eine Persönlichkeitsentfaltung.

Rollenspiel

Wenn Sie Ihre ganz persönlichen Ziele erkennen und sie tatkräftig anstreben, entwickeln Sie die in Ihnen angelegte Einzigartigkeit und vermeiden ein Rollenspiel.

Gefühlspanzerung

Werten Sie Ihre Gefühle nicht als Sentimentalität ab, lassen Sie Ihre Gefühle zu. Suchen Sie nach Gründen zur Freude. Bringen Sie aber auch Enttäuschungen zum Ausdruck. Entwickeln Sie Mitgefühl und Mitleid. Zeigen Sie kein unverbindliches Bedauern, sondern gehen Sie von der Betroffenheit zur helfenden Tat über.

[illegible]

[illegible]

[illegible]

[illegible]

[illegible]

[illegible]

[illegible]

[illegible]

Kapitel 3

Die verschiedenen Ängste

Angst vor der Angst

Wissenschaftler sprechen dann von einer Phobie, wenn ein Mensch sehr große Angst vor Dingen oder Situationen hat, die objektiv gesehen ungefährlich sind und bei den meisten Menschen keine Angst auslösen. Es existiert also ein Mißverhältnis zwischen der Angstreaktion und der mit dem Objekt oder der Situation verknüpften Gefahr. Beispiele für solche Phobien sind:

– Jemand fürchtet sich vor harmlosen Insekten.
– Jemand hat Angst, eine Brücke zu betreten.
– Jemand wagt nicht, über einen freien Platz zu gehen.

Die meisten Menschen besitzen die Fähigkeit, sich an angstauslösende Objekte oder Situationen zu gewöhnen, wenn sie wiederholt damit konfrontiert werden. Vegetativ und emotional labile Menschen sind leichter als andere erregbar. Bei ihnen stellt sich eher eine Unordnung im Bewußtsein ein als bei vegetativ und emotional stabilen Menschen.

Wenn nun ein Mensch sehr labil und leicht konditionierbar ist, so erhöht sich die Wahrscheinlichkeit für die Entwicklung einer Phobie.

Was ist nun der Grund dafür, daß viele solcher Menschen ihre Ängste trotz intensiver Bemühungen nicht überwinden, selbst wenn sie sich bewußtmachen, daß es keine objektive Gefahr gibt? Wer eine Phobie hat, wird versuchen, die angsterregende Situation zu umgehen. Durch dieses Vermeidungsverhalten bedingt, wird dem konditionierten Angstreiz auch keine Chance gegeben, sich wieder aufzulösen. Die Ungefährlichkeit der Situation kann nicht erfahren werden. Wer eine angstauslösende Situation vermeidet, entgeht dem negativen Reiz. Die Phobie wird dadurch vergrößert. Die Folge ist, der Betroffene wird immer mehr dazu tendieren, dem negativen Reiz auszuweichen. In einem solchen Fall wird der Mensch nicht durch die bedrohliche Situation zum Handeln gebracht. Das Angsterleben selbst wird schon als Katastrophe empfunden. Die Vermeidung der Angst löst einen Teufelskreis aus, der sich zwar durch die kurzfristige Erleichterung aufrechterhält, doch langfristig die Angst erhöht. Das Davonlaufen ergibt keinen Sinn, da sich der Angsterzeuger im Menschen befindet. Und so hilft kein Vermeidungssystem, der Angst zu entkommen, – dies gilt für jede Angst.

Das Vermeidungsverhalten weitet sich mit der Zeit auf immer mehr Bereiche aus. Die ,,gelernte" Angstreaktion kann nur dann überwunden werden, wenn Sie die angstmachende Situation wiederholt aufsuchen und sie langsam anders erleben. Die Fähigkeit zur Gewöhnung wird auch als Adaption bezeichnet. Sie macht die Anpassung an neue Umweltbedingungen erst möglich.

Halten wir fest: Das Vermeidungsverhalten ist die ungeeignetste Strategie, die Angst zu überwinden.

Goethe bekämpfte seine Höhenangst, indem er sich systematisch der Höhenangst aussetzte.

Suchen auch Sie die gefürchtete Situation so oft auf, bis Sie sich auch an die Angstreize gewöhnt haben. In Kapitel 4 ,,Graduelle Angstkonfrontation in der Realität" und ,,Konfrontation mit der Angst in der Vorstellung" sind dafür Verfahren angegeben. Ihre Angstreaktion wird so nach dem Prinzip der Adaption abgebaut. Sie müssen dabei den Mut haben, den Höhepunkt der Erregung zu erleben, und eine gewisse Zeit warten, bis sich der Zustand erschöpft.

Es ist sehr wichtig, daß Sie sich der Angst stellen. Wenn Sie versuchen, vor der Erfahrung der Angst zu flüchten oder sie zu verdrängen, werden Sie in anderer Form, zum Beispiel als psychosomatische Erkrankung, von ihr wieder eingeholt. Die Angst vor der Angst hält sich selbst aufrecht. Die Lösung liegt in der entgegengesetzten Richtung: im bewußten in Kontakt treten mit dem Gefühl der Angst. Die Angstlösung liegt also im bewußten Erfahren der Angst.

Wenn Sie die Angst spüren, dann dürfen Sie sich nicht für die Tatsache verurteilen, Angst zu haben. Das liest sich zwar sehr leicht, wird aber manchmal ein schwieriger Prozeß sein, denn niemand vermag sich die über viele Jahre eingeschliffenen Formen des Erlebens sofort abzugewöhnen.

Geben Sie die üblichen Vermeidungsrituale der Angst auf, dann wird zunächst oft mehr Angst auftreten, die Sie zu ertragen haben. Auf längere Zeit gesehen wird sich aber auf diese Art Ihre Angst lösen. Wenn Sie Ihre Angst wahrnehmen, dann schaffen Sie Raum für die Entwicklung von etwas Neuem, das Ihnen ermöglicht, sich mit den wirklichen Grenzfragen Ihrer Existenz auseinanderzusetzen.

Wenn Sie sich der Angst stellen, dann erfahren Sie Ihr Leben direkt. Wenn Sie die Angstgefühle bereits durch die bewußte Wahrnehmung zu ändern beginnen, dann nehmen Sie das wahr, was danach kommt, sei es ein Gedanke, ein Gefühl, eine Vorstellung. Der Kontakt mit diesen Erfahrungen macht Sie dazu fähig, Ihr Leben immer mehr zu erfahren.

Versuchen Sie es einmal selbst. Nehmen Sie wahr, was sich in Ihnen abspielt, und beobachten Sie, welchen Einfluß dies auf Ihre Handlungen hat. Angstwahrnehmung führt Sie hin zur umfassenden Wahrnehmung Ihrer Lebensrealität. Wenn Sie sich in Ihrer Angst wahrnehmen, dann haben Sie eine große Chance, mit dem tiefsten Wesen und dem Sein in sich in Kontakt zu treten.

Angst durch enges Denken

Die Erwartungen der Gesellschaft an das Verhalten des Menschen beeinflussen seine Entwicklung negativ. Schädliche Verhaltensnormen werden entwickelt. Solche sind beispielsweise:

– Vermeidung von Aufsehen,
– Verleumdung und Verdrängung empfundener Angst,
– Verschweigen des Gefühls, unglücklich zu sein,
– förmliches und korrektes Auftreten,

– liebe und brave Verhaltensweisen,
– Verheimlichung der Wahrheit und höfliches Benehmen,
– Unterdrückung von Gefühlen.

Der verstorbene Schweizer Fritz Zorn, der bei seinen Eltern in einer Villa am Zürichsee wohnte, beschreibt in seinem Buch „Mars" noch viele andere solcher Verhaltensregeln, die er als Kind befolgte, ohne sich dagegen zu wehren. Dazu gehörte zum Beispiel auch zurückhaltend, sauber und ordentlich zu sein, über den Dingen zu stehen, keine Probleme und keine andere Meinung als Autoritäten zu haben. Fritz Zorn studierte Sprachen, promovierte und arbeitete in Zürich als Gymnasiallehrer. In seinem Krankenbericht beschreibt er präzis das enge Denken seiner Gesellschaftsschicht und seiner Depression, die er nicht abwehren konnte. Erst der bevorstehende Tod half ihm, seine Angst zu überwinden und das enge Denken und die Verhaltensregeln zu kritisieren, die ihn zum Verlust der inneren Lebendigkeit, Spontaneität und Impulsivität gebracht hatten. Vier Monate vor seinem Tod schrieb Fritz Zorn: „Ich habe über die Sache, wider die ich bin, noch nicht gesiegt. Ich habe aber auch nicht verloren und, was das Wichtigste ist, ich habe noch nicht kapituliert. Ich erkläre mich als im Zustand des totalen Krieges."

Obwohl Fritz Zorn gegen das enge Denken seiner Erziehung und die Konventionen ankämpfte, war es zu spät für einen neuen Anfang. Im Alter von 32 Jahren starb er an Krebs.

Nun gibt es viele Menschen mit engem Denken, die nicht an Krebs erkranken. Sie bleiben unauffällig und behaupten von sich, sie würden sich glücklich fühlen. Manche von ihnen halten zwar die Fassade nach außen aufrecht und überschreiten ab und zu die Regeln, was sie als „über die Stränge schlagen" bezeichnen. Da sie gelegentlich die Schranken der Konvention durchbrechen, überwinden sie auch ab und zu ihre Angst.

Neben dem engen Denken der Gesellschaft ist es aber auch notwendig, sich mit der angststeigernden Wirkung des eigenen Denkens zu beschäftigen. Die Hilflosigkeit beim Erleben der Angst führt dazu, uns nach dem Angsterleben mit den Umständen zu befassen, die das angstauslösende Ereignis begleiten. Mit dem Verstehen der Ursachen der Angst wird dann das Phänomen der Angst gemildert mit dem Ziel, darüber Kontrolle zu erhalten.

Nach jedem Ereignis, das uns überrascht, beschäftigen wir uns in Gedanken mit dem, was der Überraschung vorausging oder sie begleitet hat. Das Ziel ist es, aus der Überraschung ein vorhersehbares Ereignis zu machen, damit es abgewehrt werden kann.

Nehmen wir einmal an, ein Kind rennt im Wald, stolpert über einen am Boden liegenden Ast und stürzt. Das Kind wird wissen wollen, was seinen Sturz verursacht hat. Wenn das Kind den Zusammenhang zwischen dem schmerzlichen Ereignis und dem Ast erkannt hat, wird es in Zukunft auf solche Gefahrensignale achten. Es lernt, achtsamer auf den Boden zu schauen, um entweder über einen Ast zu springen oder um ihn herumzulaufen.

Das Gehirn vermag zwischen dem Gefahrensignal und der Bedrohung einen ursächlichen Zusammenhang herzustellen. Im voran geschilderten Beispiel werden der Ast und die Unachtsamkeit als Ursachen für das Fallen erkannt.

Das Erkennen einer Ursache-Wirkung-Beziehung verringert die Erregung, da nun das Ereignis erklärt werden kann. Wir dürfen aber nicht vergessen: Dieser Kausalzusammenhang wird erst durch den Prozeß des Denkens deutlich. Dieses Denken ist also für uns durchaus hilfreich. Oft werden wir jedoch das Opfer eines Irrtums und haben falsche Erwartungen entwickelt. Wir müssen dann eine neue schmerzhafte Erfahrung machen und nach neuen Ursachen forschen.

Für unsere physikalische Umwelt ist das Erkennen von Kausalzusammenhängen nicht sehr schwer. Problematischer wird es im zwischenmenschlichen Bereich und im sozialen Umfeld. Solche Vorgänge sind schwer zu durchschauen. Vorschnelle Urteile, „Vor-Urteile" sind um so häufiger, je größer die Angst ist. Und die Veränderung eines Verhaltens erfolgt hier, wenn überhaupt, nur selten so schnell wie im Fall des gestolperten Kindes. Je einfacher das Weltbild, desto häufiger kommt es zu falschen Urteilen.

Menschen identifizieren sich so mit ihren Weltbildern, daß sie sich schwer davon trennen können. Eine dem Weltbild entgegengesetzte Erfahrung wird lieber einem Zufall oder etwas anderem zugeschrieben.

Folgende Faktoren der Persönlichkeit nehmen Einfluß auf das Wirklichkeitsbild:

- Menschen, die ihr Ego verengen, konzentrieren sich nur auf Aspekte, die in die verengte Realität passen.
- Starre Menschen entwickeln starre Handlungskonzepte, die nicht der komplexen Realität entsprechen.

Zwischen unserer Denkhaltung, ob geöffnet oder eher verschlossen, und unserer Erkenntnisintelligenz, was Wirklichkeit, Umfeld und Komplexität betrifft, besteht ein direkter Zusammenhang. Eine ungeöffnete Geisteshaltung sorgt dafür, daß wir nicht all das wahrnehmen, was wir müßten. Die Konsequenz ist: Sie müssen schneller entdecken, an welcher Stelle Sie falschen Mustern aufgesessen sind.

Die Absicht der meisten Menschen ist, die Welt vorhersehbar zu machen, um drohende Gefahren und Entwicklungen abzuwenden. Angst verfälscht aber die Beurteilung der Wirklichkeit. Wenn Sie ängstlich sind, werden Sie bald das zu entdecken glauben, was Sie befürchten. Jeder weiß darum: Wenn Sie Angst vor Verbrechern haben und im dunklen Wald unterwegs sind, wird Ihnen Ihre Phantasie die Gestalt manchen Baumes als Ganoven erscheinen lassen. Nun gibt es Erwartungen, die durchaus das Ergebnis konkreter Fakten sind. Es gibt aber auch Erwartungen, die hauptsächlich durch die eigene Psyche gesteuert werden. Je größer Ihr Selbstvertrauen und Ihre Fähigkeiten sind, desto realistischer werden Sie die Umwelt beurteilen. Meinen Sie mit den Problemen des Lebens nicht gut umgehen zu können, werden Sie Angstgefühle bereits bei nichtigen Anlässen erleben.

Heute ist bekannt: Menschen, die unter häufigen Angstzuständen leiden, verbringen einen großen Teil ihrer Zeit damit, über die Anzeichen einer Gefahr nachzudenken, um genug Zeit für ihre Abwehr zur Verfügung zu haben. Jeder möchte wissen, was die Zukunft bringen wird. Sie ist aber nicht genau vorhersehbar. Die Perfektion des Denkens kann der Ungewißheit des Lebens nicht den Schleier nehmen. Die Angstbewältigung wird durch Perfektionierung des Lebens angestrebt, dazu werden Sicherungen in allen Bereichen geschaffen. Doch die Perfektionierung des Lebens läßt die Angst erst recht aufkommen, wie das Beispiel von Fritz Zorn zeigt.

Zugegeben, das Denken hat den Fortschritt in Technik und Wissenschaft in der westlichen Welt erst möglich gemacht, doch durch den Perfektions- und Erfolgszwang bedingt wächst die Angst immer mehr. Die Auflösung tief verwurzelter Existenzängste wird durch solche Einflüsse sehr erschwert. Da die Technik Möglichkeiten bietet, uns vor Gefahren abzuschirmen, wird durch die bereits erwähnte Angstvermeidung die Angst als permanente Ängstlichkeit fixiert.

Das perfektionierte Leben erschwert die Auflösung der Dauerängstlichkeit. Erst das Erleben von Niederlagen, von Schmerzen, das Loslassen von wirklichkeitsfremden Selbstidealen und das Auseinandersetzen mit Alltagsängsten bringen uns zu solchen Erfahrungen, mit denen wir die existentiellen Ängste überwinden können. Wir werden uns mit diesem Punkt später noch sehr ausführlich beschäftigen.

Die Angst vor den existentiellen Erfahrungen ist tief verwurzelt, denn solche Erfahrungen bringen uns immer dazu, einen Teil von uns loszulassen, also etwas in uns sterben zu lassen und dafür etwas Neues zu entwickeln. Wenn Sie nicht dazu fähig sind, etwas von sich sterben zu lassen, dann werden Sie Ihre Ängste nie auflösen können.

Um einen beruhigenden Effekt auszulösen, werden oft für bedrohliche Ereignisse später Erklärungen konstruiert, die mit der Sache meistens nichts zu tun haben, um so die Angst zu reduzieren. Wie schon erwähnt, besitzt ein solches Denken zahlreiche Fehlerquellen. Halten wir fest: Angst ergibt sich aus unserer Fähigkeit zu denken und Erwartungen an die Zukunft zu stellen. Mit dem Denken versuchen wir der Bedrohung Herr zu werden. Es kann aber auch zum Grübeln führen. Durch das „Erfinden" von Erklärungen kann das Denken sogar zur Angstberuhigung verwendet werden. Doch dieser Art der „Angstbewältigung" ist auf Dauer kein Erfolg beschieden.

Angst vor der Ablehnung, der Mißbilligung und der Kritik

Ein 45jähriger Mann erzählt: „Bereits als Kind hatte ich Angst, daß ich dem Bild, so wie mein Vater zu sein, nicht entsprach. Ich hatte immer brav zu sein, um meine Streicheleinheiten zu bekommen. Wenn ich schlechte Noten aufzuweisen hatte, erhielt ich diese Streicheleinheiten nicht. Dabei habe ich mich gerade dann danach gesehnt.

Trotz dieser Erfahrung fällt es mit heute selbst schwer, meinen Kindern bei schlechten Noten Streicheleinheiten zu schenken. Als Jugendlicher stand ich immer unter dem Druck, es meiner Mutter recht zu machen. Wenn ich es nicht tat, dann ärgerte sie sich und Herzanfälle waren die Folge. Ich hatte nie den Mut, ihr gegenüber einmal nein zu sagen. Die ganze Wut fraß ich in mich hinein.

Ich wohne jetzt mit meiner Mutter zusammen in einem Haus. Sie ist an einen Rollstuhl gefesselt, da sie einen schweren Schlaganfall erlitten hatte. Heute vermag ich den Wünschen meiner Mutter an mich auch gelegentlich ein ‚Nein' entgegenzusetzen. Sie akzeptiert dies, und es wirkt sich auch nicht negativ auf unsere Beziehung aus. Früher wäre das für mich unvorstellbar gewesen. Nun stelle ich mich gegenüber anderen Menschen nicht mehr zurück. Ich bin mir jetzt selbst wichtig."

Die Angst vor Ablehnung, Mißbilligung und Kritik stellt ein frühkindliches Verhalten dar. Das Kind will die Liebe seiner Eltern bekommen und versucht, ihnen alles recht zu machen. Später wird ein solches Verhalten auch auf den Umgang mit anderen Menschen übertragen. Der im vorangegangenen Beispiel erwähnte Mann hatte es gelernt, sich auch gegenüber seiner Mutter durchzusetzen, ehrlichere und tiefere Beziehungen waren die Folge. Der Selbstbewußte hat keine Angst vor sozialen Situationen. Der nicht-selbstbewußte und der aggressive Mensch dagegen vermögen sich nicht oder nur aggressiv durchzusetzen. Neben den Angst- und Schuldgefühlen leiden solche Menschen unter physischen Symptomen wie Kopfschmerzen, Magenverstimmungen und allgemeiner Müdigkeit. Hier die drei Verhaltensweisen, durch die sich die einzelnen Menschentypen unterscheiden:

1. Die Personen mit nicht-selbstbewußtem Verhalten:
   Sie verleugnen sich selbst, sind verletzlich, ängstlich, gehemmt, sie lassen andere für sich entscheiden und erreichen das angestrebte Ziel nicht.
2. Die Personen mit aggressivem Verhalten:
   Sie bauen Überlegenheit auf Kosten anderer auf, sie äußern sich, setzen andere herab, entscheiden für andere und zwingen ihnen ihren Willen auf, sie erreichen ihr Ziel durch Schädigung anderer.
3. Die Personen mit selbstbewußtem Verhalten:
   Sie erhöhen ihr Selbstwertgefühl, sie äußern sich, fühlen sich in Einklang mit sich selbst, sie entscheiden für sich selbst und erreichen ihr angestrebtes Ziel.

Die Ängste, die die Personen vom Typ Nr. 1 und Nr. 2 haben, können durch Selbstbehauptung abgebaut werden. Durch die Erfolge, die sich dabei einstellen, wird das selbstsichere Verhalten verstärkt und wird somit allmählich zur Gewohnheit.

Es sind zwei Formen nicht-selbstbewußten Verhaltens zu unterscheiden. Das eine Verhalten zeigen Menschen, die sich in vielen Fällen selbstsicher geben, aber nicht in allen. Angstgefühle verhindern in bestimmten Situationen ein angemessenes Benehmen.

Die zweite Form ist ein allgemeines Nicht-Selbstbewußtsein. Es ist bei den Personen vorhanden, die sich nur in sehr wenigen Fällen selbstbewußt verhalten. Solche Menschen sind schüchtern, scheu und zurückhaltend und nur selten in der Lage, das eigene Recht zu behaupten. Sie tun nichts, was jemanden stören könnte, sie geben immer allen Bitten nach und haben Schuldgefühle, wenn sie einmal jemanden abgewiesen haben. Stets führen sie das aus, was die Eltern von ihnen verlangen. Werden die Rechte solcher Personen mißachtet, dann sagen sie nichts.

Die allgemein nicht-selbstbewußten Personen zeigen eine geringe Selbstachtung und entwickeln in fast jeder sozialen Situation beklemmende Angstgefühle. Sie haben das Gefühl, nichts wert zu sein, und sind weitgehend emotional nicht reaktionsfähig. Solche Personen müssen entweder in einer Gruppe oder mit einem Psychotherapeuten eine weitgehende Einstellungs- und Verhaltensänderung vornehmen.

Während die Nicht-Selbstbewußten ihre Angst daran hindert, selbstbewußt zu reagieren, begegnen die Aggressiven ihrer Angst durch die Unterdrückung anderer. Da die aggressiven Menschen emotional nicht offen sein können oder wollen und oft sich selbst und andere täuschen, haben sie es schwer, sich zu ändern.

Wie steht es um Sie? Meiden Sie aus Angst häufig soziale Situationen? Lassen Sie sich oft ausnutzen? Vermögen Sie sich nicht zu wehren, wenn man Ihnen Ihr Recht nimmt? Haben Sie Ihr Geld aus dem Fenster geworfen, weil sie schlechte Ware nicht zurückgaben? Vermögen Sie nicht nein zu sagen? Niemand hat das Recht, Sie auszunutzen. Sie vermögen nur dann aus Ihrem Leben etwas zu machen und ihm einen Sinn zu geben, wenn Sie für sich selbst eintreten. Sie haben also nicht nur das Recht, sondern auch die Pflicht zur Selbstbehauptung.

Immer wieder taucht dasselbe Problem beim nicht-selbstsicheren Menschen auf: Sein selbstverleugnendes Verhalten verstärkt das negative Verhalten seines Gegenüber. Wer es den anderen immer recht machen will, der erhält am Ende nicht die Anerkennung seines Gegenüber, sondern sogar seine Verachtung. Ein angemessenes selbstsicheres Verhalten wiederum führt zu Erfolgserlebnissen mit Mitmenschen und so zu einer Erhöhung des Selbstwertgefühls.

Die Selbstbehauptung besitzt die Tendenz, sich selbst zu belohnen. Sie ermöglicht es Ihnen, Ihr Selbstwertgefühl zu erhöhen.

Die meisten Menschen haben ein negatives Selbstbild, da sie oft mit Tadel und negativer Bewertung überhäuft werden. Viele Eltern versuchen durch Tadel das Kind dahin zu bringen, mehr Leistung zu zeigen und erwünschte Charaktereigenschaften zu entwickeln. Doch dadurch werden nur Anpassung und Minderwertigkeitsgefühle bewirkt.

Das negative Selbstbild übt eine große Wirkung auf den zwischenmenschlichen Umgang aus. Jemand, der ein schwaches Selbstbild hat, fühlt sich leicht angegriffen und hört aus den Worten eines Mitmenschen schnell überzogene Kritik heraus, selbst wenn die Worte des anderen nicht so gemeint waren. Der Selbstunsichere sieht die Menschen um sich weder objektiv noch vorurteilsfrei, er sieht die Wirklichkeit verzerrt.

Der Mensch mit seinem positiven Selbstbild und seiner Selbstachtung fühlt den Wert seiner Person gleichsam von innen heraus. Er vermag Kritik gut zu ertragen, ohne mit Heftigkeit darauf zu reagieren. Er besitzt die Fähigkeit, sich sachlich und gelassen zu verteidigen. Die Angst vor sozialen Situationen wird durch die Selbstbehauptung aufgelöst. Wie Sie das tun, werden Sie im nächsten Kapitel erfahren.

Angst vor der Individualität und der Freiheit

Nicht wenige Menschen sind der Überzeugung, individuelle Selbstentfaltung und Eigenständigkeit seien etwas Falsches und Negatives und würden den Erfolg im Leben erschweren. Die Angst vor Individualität und Autonomie ist weit verbreitet und wird mit Außenseitertum und Chaos in Verbindung gebracht.

Was heißt nun aber Individualität tatsächlich? Es bedeutet, sich selbst zu erfahren und sich selbst zu finden, eigene Erfahrungen und Erkenntnisse zu sammeln, sich ein eigenes Urteil zu bilden und unabhängig von der Meinung anderer zu werden. Kurz gesagt: Das zu erkennen, was dem eigenen Wesen entspricht.

Individualität zu entwickeln bedeutet nicht, egoistisch zu sein und zu Lasten anderer zu leben. Wer sie entfaltet, erkennt seine Einmaligkeit, fühlt sich eins mit sich selbst und der Umwelt. Da er sie schätzt, hat er auch Achtung vor anderen. Die hochgespielte Angst vor der Individualität ist daher völlig unbegründet. Gefahren entwickeln sich vielmehr dann, wenn Sie es allen anderen und nur nicht sich selbst recht machen wollen, denn das bezeichnet den Weg ins seelische Elend.

Immer mehr Menschen wollen keine Risiken auf sich nehmen, sie wollen sich sicher fühlen. Sie versuchen, der Angst vor den Risiken durch Anpassung zu entgehen. Solche Menschen haben die Hoffnung, daß die Angst gebannt ist, wenn sie sich nach den Normen der Gesellschaft verhalten.

Die Anpassung an die Autorität beginnt bereits bei den Eltern. Diese Autorität wird später immer anonymer und bildet dann die vorherrschende Gesellschaftsnorm. Die Konformität soll zwar Angst vermeiden und Sicherheit bringen, doch das Gegenteil ist der Fall. Die Anpassung erzeugt immer wieder neue Angst. Die Angst wirkt dann mit dem Ziel, die Anpassung immer mehr zu perfektionieren. Die perfekt angepaßten Menschen wirken zwar angstfrei, ein guter Beobachter erkennt jedoch hinter der aufgesetzten Selbstsicherheit die ständige Angst, die überspielt werden muß.

Verwechseln Sie Ihr eigenes Selbstbild nicht mit dem „Idealbild", das durch die Umwelt vorgeschrieben wird. Wer einem solchen kollektiven Leitbild nachstrebt, besitzt ein schwaches Ich, ein kleines Selbst. Anstatt das eigene Selbst zu stärken, will der Anpasser den Erwartungen der Umwelt gerecht werden und projiziert ein kollektives Vorbild auf sein unterentwickeltes Selbst.

Suchen wir nach den tiefen Wurzeln eines solchen Verhaltens, dann stellt sich heraus, daß solche Menschen vom Schrecken des Alleinseins und der eigenen Geringschätzung erfüllt sind. Häufig ist diesen Personen dieses Gefühl noch nicht einmal bewußt. Das verängstigte Individuum sucht nach etwas, mit dem es sich verbinden kann, um Sicherheit zu empfinden. Solche Menschen wollen das individuelle Selbst loswerden, um sich der Last der Freiheit zu entledigen. Sie geben sich selber auf und übernehmen die „Zivilisationsschablone", damit sie genauso werden, wie es von ihnen erwartet wird, nämlich so wie alle anderen Menschen. Die Angst vor dem Alleinsein und der Machtlosigkeit sind scheinbar aufgelöst.

Wir können den Mechanismus mit der Mimikry einiger Tiergattungen vergleichen. Mit ihrer Schutzfärbung gleichen sie sich der Umgebung so an, daß sie sich nicht mehr von ihr unterscheiden. Viele Menschen sind sich dieses Verhaltens gar nicht bewußt. Personen können Gedanken, Gefühle, Wünsche und sogar Sinnesempfindungen haben, die sie subjektiv als die ihrigen wahrnehmen, die ihnen aber dennoch von außen eingepflanzt wurden.

Das gleiche Phänomen existiert bei der Meinungsbildung in der Politik. Der Durchschnittsleser wird als „seine Meinung" meistens das bezeichnen, was er in der Zeitung gelesen hat, und auch glauben, was er nachredet.

Nicht wenige Menschen meinen, sie fassen eigene Entscheidungen. Sie unterliegen aber Täuschungen, denn was sie für ihre eigenen Entschlüsse halten, ist nichts anderes als die Unterwerfung unter die Konvention. Das Original-Selbst ist vom Pseudo-Selbst überdeckt. In Träumen kommt manchmal etwas vom Original-Selbst wieder zum Ausdruck.

Der Verlust des Original-Selbst und dessen Ersatz durch das Pseudo-Selbst bringt das Individuum in einen Zustand von Unsicherheit und Angst. Da dies der Spiegel jener Erwartungen ist, die andere stellen, muß die Person wegen der aus dem Identitätsverlust entstandenen Angst seine „Identität" in der Anerkennung und Bestätigung durch andere suchen.

Wie steht es um Sie? Wenn Sie Ihr eigenes Leben nicht leben, wird Ihre Angst wachsen.

Da der Mensch Angst vor der Freiheit hat, treibt sie ihn in neue Bindungen. Er verliert sein Selbst, weil er das Alleinsein nicht aushält, und so führt die Freiheit in die Unfreiheit.

Ist aber Unabhängigkeit gleichbedeutend mit Vereinsamung? Und gibt es einen Zustand von Freiheit, in dem das Individuum unabhängig existieren kann und dennoch nicht isoliert ist, sondern geeint mit den Menschen, der Natur und der Welt? Sie vermögen diesen Zustand tatsächlich zu verwirklichen. Sie können tatsächlich:

- frei und nicht allein sein,
- unabhängig und doch mit der Menschheit verbunden sein,
- kritisch und doch nicht von negativen Zweifeln zerfressen sein.

Sie vermögen diese Freiheit zu erreichen, wenn Sie sich selbst erkennen und verwirklichen.

Dieses Ziel läßt sich nicht auf rein intellektuellem Weg erreichen. Sie erlangen es nur dann, wenn Sie Ihre geistigen Möglichkeiten und Gefühlsmöglichkeiten ausschöpfen. Das Denken, Fühlen und Handeln ist dann Ausdruck des Selbst und nicht die Aktivität eines Automaten.

Gewiß haben Sie schon Momente spontanen Empfindens, Denkens und Handelns erlebt. Dies waren für Sie seltene Augenblicke eines wahren Glücks. Das mag gewesen sein der ergreifende Anblick einer Landschaft, das Aufkommen einer Erkenntnis aus eigenen Gedanken oder das tiefe Gefühl einer sich entwickelnden Liebe, um Beispiele zu nennen.

Die spontane Aktivität stellt den einzigen Weg dar, auf dem Sie die Einsamkeit ohne Opferung des Selbst überwinden können. Sie bezeichnet kein zwanghaftes Tun und auch keine Betriebsamkeit nach von außen vorgegebenen Mustern. Die spontane Aktivität schließt den Verstand, das Gefühl, die Sinne und den Willen ein. In einer solchen Verwirklichung vereinigen Sie sich aufs neue mit der Welt, mit den Menschen, der Natur und sich selbst. Die Unfähigkeit zum eigenen spontanen Denken und Fühlen ist der Ursprung aller Selbstverachtung und Minderwertigkeitsgefühle. Es erfüllt jeden Menschen mit großem Glück, zu denken, zu fühlen und zu äußern, was in ihm ist. Die Betonung liegt hierbei auf dem Vorgang des Tuns und nicht auf dem geschaffenen Ergebnis. Der Wert des Erlebnisses der Tätigkeit steht im Vordergrund. Sie vermögen solche Erlebnisse bei der Arbeit zu haben, wenn diese nicht den Charakter einer Zwangshandlung besitzt oder als Flucht vor der Einsamkeit dient, Sie können sie aber auch bei vielen anderen Tätigkeiten erfahren, sei es beim Klettern, beim Tanzen, beim schöpferischen Prozeß oder worum es sich auch immer handeln mag.

Dehnen wir nun unser Wissen, daß Angst Unordnung im Bewußtsein bewirkt, auf die Angst vor der Freiheit aus. Sie überwinden die Angst vor der Freiheit dann, wenn sich in Ihrem Bewußtsein durch das erwähnte spontane Tun ein Erfahrungsfluß aufbaut, den wir als Flow, das heißt als harmonisches Fließen des Bewußtseinsstroms bezeichnet haben.

Sie wissen: Ihr Selbst reift immer dann, wenn es komplexer wird. Dies erfordert zwei Prozesse: Differenzierung und Integration. Die Differenzierung äußert sich in der Entwicklung zur Individualität und zur Einzigartigkeit, mit der sich das Selbst von anderen unterscheidet. Die Integration zielt in die entgegengesetzte Richtung: Verbindung mit Menschen, der Natur, der Welt. Die Komplexität besteht nun darin, die Differenzierung und die Integration miteinander zu verbinden.

Ein Bergsteiger sagte über seine Flow-Erfahrung beim Klettern: ,,Ich bekomme eine große Achtung und Ehrfurcht vor mir selbst. Die bewältigte Herausforderung macht mich stolz. Doch nicht nur das. Mein Zeitgefühl ist verschwunden, meine Ich-Grenzen weiten sich aus. Ich erfahre ein Gefühl der Transzendenz.''

Ganz gleich, bei welchem Tun Sie zu Flow-Erlebnissen gelangen, Sie benötigen schon ein gewisses Maß an Fertigkeit und Erfahrung, damit Sie gewisse Mindestanforderungen erfüllen. Wenn Sie zum Beispiel zum ersten Mal auf Ski stehen, wird das Maß der Herausforderung Ihre bisherigen Fähigkeiten überschreiten und Sie werden noch keine Flow-Erfahrungen machen.

Wenn Ihr Selbst nur auf Integration mit anderen aus ist, dann fehlt Ihnen die eigenständige Individualität. Lenken Sie Ihre Kraft dagegen nur in die Individualität, dann besteht die Gefahr, egozentrisch zu werden. Erst wenn Sie Ihre Energien auf beide Prozesse ausrichten, vermeiden Sie Eigensucht und Konformität. Sie werden außerdem feststellen: Wenn Sie in einem Tun in der Art und Weise aufgehen, daß Sie um seiner selbst willen handeln – so wie es beispielsweise der Bergsteiger getan hat –, dann stärken Sie Ihr Selbst. Die Folge ist: Sie entwickeln Selbstvertrauen, da Sie Ihre Fähigkeiten entfalten.

Angst vor der Einsamkeit und dem Alleinsein

Für die meisten Menschen stellt die Tatsache des Alleinseins eine schwer zu ertragende Wirklichkeit dar, sie fühlen sich in dieser Situation sehr unwohl.

Weshalb empfinden viele Menschen den Zustand des Alleinseins als derartig unangenehm? Es ist relativ leicht, die Aufmerksamkeit auf sich zu lenken, wenn Herausforderungen an uns herangetragen werden. Wenn diese fehlen, entwickelt sich ein Durcheinander, ein Chaos im Bewußtsein, das wir als Angst empfinden. Dann entstehen beunruhigende Gedanken wie: Was fange ich eigentlich mit meinem Leben an? Was wird die Zukunft bringen? Werde ich meinen Arbeitsplatz behalten? Werde ich auch gesund bleiben? Sorgen der unterschiedlichsten Art bauen sich auf, wenn Sie Ihr Bewußtsein selbst nicht steuern können.

Das Alleinsein ist für viele schwer zu ertragen, da sie von innen – also ohne äußere Anforderungen – keine Ordnung in ihrem Bewußtsein schaffen können.

Das ist übrigens der Grund, weshalb Fernsehen so viel Zuspruch findet. Der Bildschirm erfordert eine geringe Aufmerksamkeit, so daß unangenehme Gedanken zum größten Teil verhindert werden. Auf diese Weise werden zwar Daseinsängste verdrängt, die Ordnung im Bewußtsein reicht aber nicht aus, das Selbst zu höherer Komplexität zu bringen. Doch nicht nur das. Es werden keine Herausforderungen mehr erkannt, die Chancen für ein Wachstum bilden. Wer sich mit Oberflächlichkeiten ganz gleich welcher Art betäubt, wird sein Leben weder genießen noch menschlich wachsen können. Dies erfordert nämlich, eine größere Ordnung im Bewußtsein zu schaffen.

Wer mit sich allein sein kann, vermag von innen heraus seine Aufmerksamkeit zu lenken, um Entropie im Bewußtsein zu verhindern. Wenn Sie es nicht lernen, allein mit sich zu sein, dann werden die panischen Ängste, mit denen Sie diesen Zustand vermeiden, Sie zu immer mehr Ablenkungen und zu Rückschritten (Regression) in Ihrer Entwicklung führen.

Die Überschrift dieses Unterkapitels lautet: Angst vor der Einsamkeit und dem Alleinsein. Die Frage drängt sich auf: Lassen sich Einsamkeit und Alleinsein auf einen Nenner bringen? Im normalen Sprachgebrauch pflegen wir die Begriffe nicht zu trennen. Alleinsein setzen wir mit Einsamkeit gleich, und Einsamkeit bedeutet für uns soviel wie Alleinsein. Und doch besteht ein kleiner Unterschied zwischen beiden, den jeder aus eigener Erfahrung kennt. Sind Sie nicht schon einmal allein gewesen, ohne sich einsam zu fühlen? Haben Sie nicht schon einmal das Alleinsein gesucht, um sich ungestört und ohne Ablenkung mit etwas zu beschäftigen? Gewiß kennen Sie auch die andere Erfahrung, daß Sie sich unter Menschen befanden und sich dennoch einsam fühlten, weil Ihnen die Menschen fremd oder gleichgültig waren.

Der Unterschied zwischen beiden Worten besteht offenbar darin, daß Einsamkeit mehr eine innere Befindlichkeit beschreibt, während Alleinsein sich mehr auf die äußere Situation bezieht. Das Alleinsein können Sie ändern, indem Sie unter Menschen gehen oder Freunde zu sich einladen. Die innere Befindlichkeit der Einsamkeit müssen Sie jedoch mit sich selbst klären. Ihnen stehen verschiedene Möglichkeiten zur Verfügung, sich auf die Einsamkeit einzustellen: Sie können sie gewollt suchen oder sogar verzweifelt vor ihr flüchten.

Was ist das Bedrückende an der Einsamkeit? Es ist das Gefühl der Ungeborgenheit, wir empfinden eine Leere in uns, wir empfinden eine unbestimmte Angst, die wir etwa mit den Worten formulieren: „Die Decke fällt mir auf den Kopf" oder „Ich fühle mich von allen verlassen".

Die meisten Menschen haben Angst vor der Einsamkeit und tun viel, um sie zu vermeiden, da sie nicht gelernt haben, die Einsamkeit zu ertragen. Niemand vermag etwas zu lernen, vor dem er immer auf der Flucht ist. Wenn uns die Möglichkeit gegeben wird, Einsamkeit zu erleben, wagen wir nicht, sie anzunehmen und in uns hineinzulauschen. So betäuben viele das unangenehme Gefühl mit irgendwelchen Ablenkungen. Da die Angstschranke nicht überwunden wird, die vor dem Annehmen der Einsamkeit steht, kann der Mensch auch nicht den Wert der Einsamkeit erleben, denn er ist von vornherein der Meinung, Einsamkeit beinhalte nur Leere und ein negatives Erlebnis. Worte wie Stille, Sammlung, Schweigen, Besinnlichkeit, „In-uns-Hineinhorchen" sind vielen fremd. Jeder muß lernen, nicht auf der Flucht vor sich selbst zu sein.

Arthur Schopenhauer nennt die Einsamkeit eine Quelle des Glücks und der Gemütsruhe. Und George Bernard Shaw formulierte: „Ich erkenne jetzt, daß die Einsamkeit Gottes seine Kraft ist."

Die Lebenssituation kann sich für einen Menschen ändern, so daß er der Einsamkeit nicht mehr entfliehen kann. Trennung, Alter und Krankheit führen in die Isolation. Hier drängt sich die Einsamkeit unvermeidlich auf. Sie muß durchlitten werden, damit wir gereifter daraus hervorgehen. Dann vermögen wir auch manches leichter loszulassen, von dem wir meinten, es festhalten zu müssen. Deshalb ist es notwendig, zur Einsamkeit schon früh ein positives Verhältnis aufzubauen, weil wir dann solche schicksalhaften Erlebnisse leichter bewältigen können.

Nicht nur George Bernard Shaw und Arthur Schopenhauer, sondern auch Jesus, Buddha, die Weisen aller Jahrhunderte und viele große Persönlichkeiten der Menschheit haben in der Einsamkeit tiefe positive Erfahrungen und eine allumfassende Geborgenheit erlebt.

Es existieren zwei Arten von Geborgenheit, zu denen Sie Zugang finden können, wenn Sie die Einsamkeit annehmen, statt vor ihr zu fliehen: die Geborgenheit in der Natur und die Geborgenheit in einem tiefen Seinsgrund beziehungsweise Gott. Von einem bestimmten Standpunkt betrachtet, sind beide Erfahrungen identisch, da sich der universelle Geist auch in der Natur ausdrückt.

Ein großer Teil der heutigen Ängste vor der Einsamkeit hängt damit zusammen, daß wir die Naturnähe verloren haben. Der Dichter, Schriftsteller und Fotograf Ullrich Schaffer schreibt: „Gott begibt sich in die Unordnung und stellt aus ihr Leben her. Er ordnet nicht zwanghaft, aber ins Leben rufend. Vielleicht zieht mich die Wildnis an, weil ich das Bedürfnis habe nach dem ordnenden Ins-Leben-Rufen meines eigenen Lebens."

Wenn Sie sich den Wundern des Lebens öffnen, wenn Sie sich als Lebewesen unter Lebewesen einschließlich den Tieren fühlen, eingebettet in das große Entstehen und Vergehen, eingebettet in Geburt und Tod, dann brauchen Sie das Alleinsein nicht zu fürchten. In diesem Fall überschreiten Sie die Ich-Grenze und empfinden eine tiefe Verbundenheit mit allem Lebendigen, Sie fühlen sich aufgehoben in Zusammenhängen, die über Sie hinausreichen, Ihr Bewußtsein hat teil an Ordnungszuständen höherer Art.

Die Geborgenheit in der Natur steht für jeden offen. Voraussetzung dafür ist, sich nicht egozentrisch vor allem zu verschließen, was uns die eigenen Grenzen überwinden läßt. Ich persönlich erlebte solche Erfahrungen bei Spaziergängen im Aletschwald am Rande des Aletschgletschers bei der Riederalp im Wallis in der Schweiz. Eine beeindruckende Wildnis erfuhr ich im tropischen Regenwald von Ecuador an der Grenze zu Peru und bei einer mehrtägigen Bootsfahrt auf einem Fluß durch die Gran Sabana zwischen den Tapuis in Venezuela. All-Gefühle empfand ich in den Bergen Ecuadors und Tibets. Wichtig für den Erfolg solcher Reisen ist, einen ortskundigen Reisebegleiter zu haben, der sich in der Gegend auskennt. Bei meinen Reisen in alle Erdteile habe ich viele Reisebegleiter kennengelernt. Herrn

Goldbeck habe ich in ganz besonders angenehmer Erinnerung. Er zeichnet sich nicht nur durch sein großes Wissen aus, sondern auch durch sein unvergleichbares Bemühen, die Reise zu einem faszinierenden Erlebnis zu machen. Ich verbinde mit ihm meine bis heute schönsten Reiseerinnerungen. Er trug wesentlich dazu bei, daß ich meine bisher ergreifendsten Natur- und Landschaftserlebnisse hatte. Mich haben die Farbspiele in der Landschaft beim Sonnenaufgang und beim Sonnenuntergang besonders beeindruckt.

Aufgrund von Naturerlebnissen entwickeln Sie die Feststellung: Es gibt neben den wissenschaftlich erforschbaren Ebenen des Seins noch viele, nur für das Bewußtsein wahrnehmbare Dimensionen unserer Existenz.

Mit der erwähnten Meditationsmethode überwinden Sie die Angst vor der Einsamkeit und dem Alleinsein, denn Sie erleben tiefste Geborgenheit im Seinsgrund.

Natürlich soll hier nicht der Flucht in die Einsamkeit zugestimmt werden. Es geht vielmehr darum, Ihnen Mut zur Einsamkeit zu machen, da Sie in solchen Erfahrungen tiefste Ängste überwinden. Mit diesen Erfahrungen fällt es Ihnen leichter, die Einsamkeit anzunehmen, die wegen der Einmaligkeit Ihrer Individualität einen wesentlichen Bestandteil Ihres Menschseins ausmacht. Sie brauchen nicht mehr in die Scheinsicherheit einer kollektiven Angepaßtheit zu fliehen, denn Sie sind im tiefsten Urgrund des Seins oder Gottes geborgen.

Der Osten hat bisher nur den Blick auf das Unendliche gerichtet und wollte darin aufgehen. Der Westen betont den Blick auf das Individuelle. Der heil, daß heißt der ganz gewordene Mensch vereinigt beides. Ihre Individualität schöpft aus dem Unendlichen und entwickelt sich so zu einer immer komplexeren Individualität.

Angst vor dem Neuen und der Wandlung

Hindernisse für die Erfahrung des Neuen

Wollen Sie etwas Neues wagen, da der sich ständig wiederholende Alltag kein erfülltes Leben für Sie bedeutet? Oder ist es Ihnen lieber stehenzubleiben, da Sie Angst davor haben, einen Fehler zu begehen? Möchten Sie Ihr ganzes Leben in einer Art Wartehaltung verbringen und somit im Stillstand verharren? Soll Ihr Leben Ihnen gehören, oder wollen Sie es der Angst überlassen? Wollen Sie, daß Ihr Leben in seinen ständigen Wiederholungen grau und leblos wird? Oder haben Sie die Absicht, offen für das Neue zu sein? Möchten Sie in das Alte fliehen, weil Sie Angst haben, sich mit dem Neuen nicht zurechtzufinden? Wollen Sie die Grenzen, die Sie sich früher gesetzt haben, endlich versetzen, da Sie nichts mehr als vorgegeben annehmen? Haben Sie das Verlangen, tiefer in die Geheimnisse des Lebens eindringen zu wollen? Möchten Sie das verwirklichen, was als Ahnung in der Tiefe Ihres Herzens wohnt? Wollen Sie sich selbst ernst nehmen und endlich leben? Wenn Sie sich nicht der Veränderung entziehen wollen, dann müssen Sie loslassen. Nur dann vermögen Sie auf das Neue zuzugehen und werden sich auf Ihrem alten Karussell nicht bis zum Umfallen drehen.

Ein großes Hindernis für Verdrängungen bilden die falschen Glaubenssätze, mit denen sich Menschen einengen.

Dazu ein Beispiel: Eine 60jährige Frau hatte Lust, Karate zu lernen. Folgende Gedanken beschäftigten sie:

- Bin ich nicht mit 60 Jahren dafür schon zu alt?
- Was werden die anderen, wesentlich jüngeren Vereinsmitglieder von mir denken?

Die Frau bewies Mut und wagte es, sich über ihre Bedenken hinwegzusetzen. Nach einigen Jahren hatte sie sogar den schwarzen Gürtel erworben und alle waren sehr stolz auf sie.

Ein großes Hindernis, neue Erfahrungen zu machen, ist die mangelnde Offenheit. Wenn Sie ein komplexes Ereignis wahrnehmen, das Sie nicht kategorisieren können, und dafür kein fertiges Weltbild haben, löst das ein Unbehagen aus. Sie vergleichen in einer schnellen Folge meist unbewußte Prozesse des neuen Ereignisses mit solchen, die Sie bereits kennen, und falls es zu keiner Übereinstimmung kommt, entwickelt sich Angst. Ihr Erlebnis paßt nicht zu den bisherigen Ereignissen und auch nicht in das bisherige Weltbild. Entweder wird nun die Erfahrung so verändert, daß sie in das Weltbild paßt, oder sie wird ausgeblendet. Die Schwierigkeit wird durch das Anhaften ausgelöst. Anhaften heißt, an bestimmten Erfahrungen hängen zu bleiben, sie zu kategorisieren, sie dem ähnlich zu machen, was wir in der Vergangenheit erfahren haben, oder sie zu dem zurechtzubiegen, was wir gerne erfahren möchten.

Nun kann eine neue Erfahrung auch zu einer Revision des Modells führen. Der Prozeß des Einordnens hat den Zweck, die Existenz von etwas bisher Unbekanntem in Bekanntes vorzunehmen. Da uns das Unbekannte beunruhigt, wollen wir alles Neue sofort erklären und passend in das bisherige Wissen einordnen. Leider verlieren wir durch dieses vorschnelle Einordnen die Fähigkeit, das Geschehen so wahrzunehmen, wie es tatsächlich ist. Unser Denken verzerrt den Prozeß des Wahr-Nehmens, er bezeichnet nur noch ein Nehmen, aber ist nicht mehr wahr im Sinne der Wirklichkeit. Richtiges Wahrnehmen bedeutet, zu sehen, zu hören, zu fühlen, was unser Bewußtsein erfährt.

Nehmen wir an, jemand besucht ein Museum und ist von einem Bild sehr beeindruckt. Anstatt innezuhalten und das Bild weiter auf sich wirken zu lassen, greift er zum Katalog, um über das Bild etwas zu erfahren. Der Besucher sieht zwar viele Bilder, wird aber keines richtig erleben.

Die Wahrnehmungsfähigkeit der meisten Menschen ist verkümmert, es verschafft ihnen erst dann „Befriedigung“, wenn sie über ein Erlebnis am nächsten Tage in der Zeitung lesen.

Solche Einordnungs-, Bewertungs-, Vergleichs- und Ausblendungsprozesse finden ständig statt, sie treten oft auch in extremen Grenzsituationen auf.

Dazu ein Beispiel: Nicht selten erkennt eine Person bei einem Krankenhausaufenthalt seine falsche Lebenseinstellung und Lebensführung. Die angesichts des Todes erfahrene Bewußtseinserweiterung und ganz neuen Gefühle wie Ehrfurcht, Dankbarkeit, Mitgefühl werden im Alltag bald wieder das Opfer der alten Verdrängungs- und Abwehrstrategien. Da der Druck der Erfahrung im Alltag nicht mehr wirkt, ergeben sich auch keine komplexen Bewußtseinsstrukturen.

Das Lernen ist manchmal schmerzhaft, denn Korrekturen des Selbstbildes und des Wirklichkeitsbildes erfordern, das Bewußtsein zu komplexeren Strukturen zu bringen. Der Mensch sieht sein Ego bedroht, wenn er diese Korrekturen vornimmt. Es leuchtet ein, daß besonders Menschen mit starren Meinungen sehr ängstlich sind. Sie haben nicht gelernt, mit den Abweichungen von ihren Erwartungen und den damit verbundenen Ängsten richtig umzugehen.

Es liegt auf der Hand: Wer eine größere Bereitschaft besitzt, Neues zu integrieren, wird das Erlebnis umfassender wahrnehmen und weniger ausblenden als ein anderer. Sie können die bessere Wahrnehmung auf folgende Art trainieren: Seien Sie achtsam bezüglich Ihrer Wahrnehmung. Halten Sie inne. Nehmen Sie sich Zeit dafür. Versuchen Sie, voreilig Stellung zu beziehen, dann nehmen Sie auch dieses Verhalten wahr. Lenken Sie dann wieder Ihr Bewußtsein auf das Ereignis. Dann fängt es selbst oder das Objekt an, zu „sprechen“.

Achten Sie im Alltag mehr auf das, was Sie tun. Nehmen wir an, Sie essen ein Brot. Welche Zeit verwenden Sie darauf, das Brot so zu schmecken, wie es schmeckt? Wie lange denken Sie beim Essen des Brotes an ganz etwas anderes als an das, was Sie tun und empfinden? Ihre Gedanken bewegen sich wahrscheinlich in der Vergangenheit oder in der Zukunft. Das Bewußtsein ist nur zum Teil dort, wo das Ereignis stattfindet. Ein solches Verhalten führt dazu, daß Sie sich nicht in der Gegenwart, also der Realität befinden.

Wenn keine Konzentration auf die Gegenwart vor sich geht, ist ein Flow-Zustand des Bewußtseins nicht möglich.

Da die meisten Menschen immer auf der Suche nach irgend etwas sind, ist die Ablenkung vom eigentlichen Erleben recht groß. So sind viele gar nicht mehr in der Lage, den gewünschten Zustand tatsächlich wahrzunehmen, wenn er einmal eintreffen sollte. Es ist durchaus möglich, die täglichen Dinge des Lebens derartig wahrzunehmen, als verkörperten sie eine neue Erfahrung. Sie erfahren eine erhöhte Qualität und Intensität des Erlebens, wenn Sie nicht die Einordnungsmaschine in Gang setzen. Dann kann für Sie beispielsweise die Beobachtung eines Baumes oder eines Vogels zu einem ganz neuen Erlebnis werden. Auf die Art und Weise wird das Leben reichhaltiger und tiefer, ohne daß Sie die Umgebung wechseln müssen oder mehr Ereignisse benötigen. Ein solches Erleben ist nur durch Innehalten und erhöhte Achtsamkeit möglich. Die Hektik äußerer Ereignisse muß also zurücktreten, damit diese Erfahrungen gemacht werden können.

Was wollen Sie Neues tun?

Damit Sie mehr Wahlmöglichkeiten haben, Neues zu tun, müssen Sie bereit sein, Ihre Glaubenssätze zu verändern. Folgende Übung hilft Ihnen dabei:

1. Denken Sie an Ihre Kindheit bis zu einem Alter von etwa 18 Jahren!

   a) Was haben Sie geglaubt, nicht tun zu können?

   ____

   b) Jetzt aber wissen Sie, Sie können

   ____

c) Was meinten Sie immer, was Sie tun müßten?

____

d) Jetzt aber wissen Sie, daß es nicht notwendig ist

____

e) Wovor hatten Sie früher Angst?

____

f) Wovor haben Sie jetzt keine Angst mehr?

____

2. Denken Sie nun an Ihre Zukunft!

a) Wozu werden Sie in der Zukunft fähig sein?

____

b) Wozu werden Sie in der Zukunft nicht fähig sein?

____

3. Vergleichen Sie nun die erste und die zweite Frage miteinander!

a) Wie sieht Ihre Zukunft im Verhältnis zur Vergangenheit aus? Schränken Sie Ihr Leben ein?

____

b) Was wollen Sie ändern?

____

c) Welche Ihrer alten Glaubenssätze wollen Sie verändern?

____

d) Was wollen Sie Neues in Ihrem Leben bewerkstelligen?

____

Phasen der Veränderung

Bereits in Kapitel 1 wurde darauf hingewiesen: Auf jeden Menschen wirken Herausforderungen, die ihn dazu bringen wollen zu lernen, zu reifen. Das Besondere an der heutigen Situation ist: Die Veränderungen in der Umwelt vollziehen sich mit einer größeren Geschwindigkeit als früher, das wiederum führt zu einem großen Weiterentwicklungsdruck, der die gesamte Menschheit betrifft. Wie bereits erwähnt, stehen folgende Möglichkeiten zur Verfügung:

- Wenn Sie sich den Herausforderungen nicht stellen, dann bewerkstelligen Sie den Durchbruch zur Veränderung und neuen Lernerfahrungen nicht. Sie überwinden Ihre Ängste und den Leidensdruck nie.
- Sie verändern sich erst dann, wenn der Leidensdruck groß ist. Wenn dem Gehirn Veränderungen von außen aufgezwungen werden, dann durchläuft es eine Kette emotionaler Phasen, welche das Gehirn erzeugt. Durch die Verzögerung verlieren Sie Zeit und vergeuden viel Energien.
- Sie stellen sich sofort oder mit nicht zu langer Verzögerung den notwendigen Veränderungen.
- Sie sehen die zukünftigen Veränderungen voraus, bevor sie eintreten. Sie verändern sich selbst. Eine solche Voraussicht entwickelt sich durch Intuition. Ein solches Verhalten ist optimal, doch nicht immer zu verwirklichen.

Je offener Sie sich Ihrer Zukunft stellen, je leichter Sie aus eingefahrenen Gleisen ausbrechen können und je klarer Ihre Visionen sind, desto leichter wird Ihnen das in Punkt 4 beschriebene Verhalten gelingen.

Natürlich besitzt niemand die Fähigkeit, alle zukünftigen Veränderungen vorauszusehen. Jeder hat aber die Möglichkeit, seine Lektionen schnell zu lernen. Notwendigkeit ist, daß Ihr Gehirn den Sprung Ihres Bewußtseins auf die höhere Ebene veranlaßt, Ihr Selbst sich zu einer höheren Komplexität entwickelt.

Wenn Sie sich auf die selbstbestimmte Veränderung einlassen, dann stellen Sie sich dem Neuen. Jetzt werden Sie aber auch verwundbar für Emotionen. Halten Sie diese aus. Nicht wenige Menschen geben in dieser Phase zu früh auf. Das wird Ihnen um so leichter fallen, wenn Sie sich der Tatsache erinnern: Sie müssen zunächst Belastungen und Störungen ertragen, damit der Sprung Ihres Bewußtseins in die höhere Konfiguration, in die höhere Komplexität, stattfinden kann. Die neue Ordnung kann nur dann entstehen, wenn die alte unter dem Einfluß intensiver Energien stand, die über ihr Aufnahmevermögen hinausgingen. Weshalb haben viele Menschen große Schwierigkeiten mit der Veränderung? Die Menschen neigen dazu, sich fundamentalen Veränderungen zu widersetzen, weil das Ego fürchtet, daß sie eine Bedrohung seiner Existenz bedeuten.

Eine wehleidige und negativ eingestellte Frau äußerte zum Beispiel: „Mein Leid und mein Fehlverhalten kenne ich. Jetzt weiß ich wenigstens, was ich habe. Doch was besitze ich, wenn ich dieses Verhalten aufgebe?"

Halten Sie an alten Verhaltensweisen fest, dann führt das zwangsläufig zum seelischen Tod und zur Selbstauflösung. Nur wenn die Bindung an das alte Ich stirbt, verändern Sie sich auf eine höhere Ordnung hin, dann leben Sie.

Veranlaßt diese Tatsache Sie nicht dazu, die Veränderung in Ihrem Leben zu bejahen? Akzeptieren Sie die Unordnung im Bewußtsein als Herausforderung zu wachsen?

Menschen wehren sich oft gegen das Absterben einer vergangenen Lebensstufe, sie können nicht auf der nächsten Stufe leben.

Wir finden dieses Phänomen nicht nur bei Heranwachsenden, die Angst vor dem Erwachsensein haben und nicht Abschied von der Kindheit nehmen können. Diese Erscheinung tritt auch in anderen Lebensabschnitten, wie beispielsweise in der Midlifecrisis und der Pensionierungskrise auf. Bei nicht wenigen Menschen endet die Pensionierung mangels Vorbereitung in einem Pensionierungstod, obwohl das Leben noch viel Entwicklungsmöglichkeiten bietet. All das zeigt, wie wenig das Leben vieler Menschen auf Veränderung und Wachstum eingestellt ist. Die notwendige Veränderung kann in einem neuen Hobby, in sportlicher Betätigung oder darin bestehen, sich mehr Zeit für die Familie zu nehmen. Oder sie beinhaltet eine folgenschwere Entscheidung wie eine Partnertrennung, ein Berufswechsel oder die Aufgabe der Religion. Machen Sie es nicht wie die vielen anderen Menschen, die nicht zu leben verstehen, weil sie das Wesen der Veränderung nicht begreifen. Häufige Fluchtwege vor der Veränderung sind:

- Die Hektik: Sie besteht darin, das gleiche mit mehr Aufwand zu tun, ohne an eine neue Art des Vorgehens zu denken.
- Die Rationalisierung: Wer „gute" Gründe nennt, weshalb er sich nicht verändert, glaubt sich zu rechtfertigen.
- Die Leugnung der persönlichen Verantwortung.

Wenn Sie sich verändern, dann müssen Sie bereit sein, loszulassen. Machen Sie nicht den Fehler, dies erst dann zu tun, wenn Sie seit langem unter dem Druck von Schmerzen stehen *(Bild 7, Kurve a)*. Nehmen Sie die Veränderung freiwillig vor *(Bild 8)*.

Die Veränderung beziehungsweise der Wachstumsprozeß verläuft optimal nach folgender Reihenfolge:

1. Phase (Vorbereitungsphase):

Sie sind offen für viele Informationen, sammeln diese Informationen und gehen mit Bewußtheit vor.

2. Phase (Gärungsphase):

Sie akzeptieren die Furcht vor dem Loslassen, dahinter verbergen sich drei Ängste:

- Furcht vor dem Risiko und die Angst zu versagen.
- Trennungsangst – die Angst, ein nahestehender Mensch würde einen verlassen.
- Existenzangst – die Furcht, sein Ego zu verlieren und zu sterben.

Sie erleben die Perturbationen des Gehirns, die das Loslassen erleichtern (Schmerzphase). Das Problem gärt. Das Gehirn schafft Verwirrung als Mittel zur Eröffnung neuer Möglichkeiten. Im einzelnen werden hierbei:

– neue Beziehungen zwischen den Dingen zu erfassen versucht, die nicht offensichtlich sind,
– Neues erforscht und probiert,
– Wahlmöglichkeiten ermittelt,
– Ideen und Vorgehensweisen neu kombiniert.

3. Phase (Einsichts- und Erkenntnisphase):

Diese Phase entwickelt sich erst dann, wenn nicht die Angst einen dazu treibt, zu früh zu ordnen. Die zweite Phase muß längere Zeit ausgehalten werden. Wird sie erlebt, ordnet sich das Chaos.

4. Phase (Test- und Umsetzungsphase):

Die Einsicht beziehungsweise das Ergebnis wird geformt, mit dem Verstand überprüft und in die Tat umgesetzt.

Zu den einzelnen Phasen möchte ich noch einiges erklärend anmerken: In der Gärungsphase schafft das Gehirn selbst Verwirrung, damit es einen Nutzen aus den Perturbationen (Störungen) ziehen kann. Diese Perturbationen erleichtern das Loslassen. Das wird beispielsweise dadurch erreicht, daß man den alten Modus, das heißt das, was man früher gern durchgeführt hat, verändert und Neues erforscht und ausprobiert. Diese Phase erfordert die Bereitschaft, unangenehme Gefühle zu ertragen. Da in ihr das Tiefenbewußtsein einbezogen wird, wirken sich Meditation und Visualisierung sehr förderlich aus. Sie helfen Ihnen, in tiefe Bewußtseinsschichten einzutauchen, die Ihnen neue und hilfreiche Einsichten vermitteln.

In der Einsichts- und Erkenntnisphase bauen sich neue Erkenntnisse auf. Das ist aber nur dann möglich, wenn die zweite

Phase aus Angst nicht zu früh abgebrochen wird. Nach der erfolgten Einsicht entwickelt sich die positive Emotion der Freude. Eine Flow-Erfahrung tritt auf.

In der Test- und Umsetzungsphase wird das Ergebnis beziehungsweise die Einsicht geformt und geprüft.

Die einzelnen Phasen des freiwillig durchgeführten Veränderungsprozesses erfordern die Einbeziehung der rechten und der linken Gehirnhälfte. Wenn Sie jedoch die Veränderung nicht freiwillig auslösen, sondern durch den Druck der Ereignisse dazu gezwungen werden, kann Ihr Gehirn diese geistige Leistung zunächst nicht aufbringen und es muß erst alle Emotionen *(Bild 7, Kurve a)* aufarbeiten, bis das System, also das Gehirn, den Übergang in die höhere Ordnung vornehmen kann.

Angst vor dem Tod

Warum ist die Verdrängung der eigenen Sterblichkeit so schädlich?

Die Gesellschaft hat den Tod als eine unumgängliche Tatsache verdrängt. Der Tod wird als ein vermeidbares Ereignis betrachtet. Wer stirbt, hat zuviel oder falsch gegessen, hat geraucht oder getrunken, hat sich zuwenig bewegt oder ist das Opfer von unqualifizierten Ärzten geworden. Selbst im Krankenhaus wird der Tod als eine Art Zufall gesehen, nicht als ein normales Ereignis. Der Sterbende wird ins Krankenhaus gebracht. Das Sterben findet meistens nicht mehr in der Gemeinschaft statt. Der Leichenwagen hält am Hintereingang des Krankenhauses. Die Sterbephase wird als Chance zur letzten großen Reifungsmöglichkeit vertan.

Die Verleugnung des Todes trägt entscheidend mit dazu bei, daß viele Menschen ein leeres Leben führen. Denn wer meint, ewig zu leben, dem fällt es leicht, entscheidende Dinge aufzuschieben. Wer dagegen akzeptiert, jeden Tag sterben zu können, nimmt sich die Zeit, die in ihm verborgenen Anlagen zu nutzen und zu entfalten. Wenn Sie die Begrenztheit Ihrer individuellen Existenz akzeptieren, dann finden Sie auch den Mut und die Kraft, mehr auf sich selbst zu hören und sich nicht stereotypen Rollen anzupassen. Es ist wichtig, sich der eigenen Kräfte und Stärken bewußt zu werden und diese Kraftquellen für die eigene Reifung zu verwenden. Nicht die Sorge vor dem körperlichen Tod sollte uns zu schaffen machen, sondern die Sorge, daß unser Selbst im Leben den geistigen Tod erleidet. Diesen seelischen Tod haben schon die vielen Angepaßten erlitten, die nicht zu dem werden, auf das sie angelegt sind. So drängt uns der Gedanke an den eigenen Tod, mit der Zeit richtig umzugehen.

Wenn wir uns unserer Sterblichkeit bewußt sind, dann erkennen wir auch, daß es immer wieder Abschnitte in unserem Leben gibt, die wir hinter uns lassen müssen, da sich unser Leben vorwärts bewegt.

Schon Heraklit wies darauf hin: ,,Man steigt niemals zweimal in denselben Fluß.‘‘

Da Wandlung, Veränderung, sogar Wachstum und Reife Forderungen des Lebens darstellen, sind Tod und Sterben schon deshalb zu akzeptieren, weil das Absterben von Altem in unserem Leben immer wieder geschieht. Wir verlassen alte Pfade und zerbrechen das Muster alter Verhaltensweisen, diese sterben zugunsten eines neuen Lebens ab.

Der Dichter Rabindranath Tagore sagt: ,,Unser Selbst muß um zu leben durch einen ewigen Wechsel und Wachstum der Form gehen, das wir ein dauerndes Sterben und ein dauerndes Geborenwerden, welches zur gleichen Zeit vor sich geht, nennen können.‘‘

Inneres Wachstum und Reife führen Ihr Bewußtsein zu immer größerer Komplexität.

Der Volksmund gebraucht die Redensart: ,,Der kann nicht leben und nicht sterben.‘‘ Wer nicht leben und nicht sterben kann, der befindet sich in einem Zwischenbereich.

Die vorherrschende Meinung ist, man solle sich auf den Gedanken des Todes gar nicht einlassen, denn nur so bleibt das Leben erträglich. Aber gerade das hindert uns daran, das Leben erfüllter und nach unseren tiefsten Sehnsüchten zu leben. Da Gefühle verdrängt und nicht zugelassen werden, werden Tod und Sterben als abstrakte Vorgänge hingestellt. Die „Beherrschung" führt zu innerer Erstarrung, die die Lebendigkeit des Lebens ignoriert. Der Tod wird dann gleichsam wie eine leblose Sache verwaltet, um nur nicht mit dem fließenden Leben in Kontakt zu kommen.

Die Verleugnung des Todes in der Gesellschaft führt zwangsläufig zur Verdrängung der Trauer. Viele Menschen erfahren, daß sich bereits wenige Tage nach der Beerdigung eines nahestehenden Menschen niemand mehr um sie kümmert. Wegen des hektischen Lebens finden viele Menschen nicht mehr die Zeit, einer Beerdigung beizuwohnen. Die Fähigkeit zur Trauer muß erst wieder gelernt werden. Das wird aber erst möglich sein, wenn jeder in seinem eigenen Leben Tod und Sterben als einen Bestandteil seines Menschseins annehmen kann.

Der Gedanke an den Tod hilft Ihnen, Ihrem Leben Sinn und Richtung zu geben

Was geschieht, wenn Sie sich nicht auf die Vorstellung Ihres Todes als Ihre letzte Bestimmung einlassen? Die Gefahr besteht darin, nur noch getrennte Teile Ihres Lebens wahrzunehmen, die Sie nicht zusammenfügen können. Ihrem Leben fehlt die Kontinuität.

Absterben und Wandlung der in der Vergangenheit existierenden Identität sind notwendig. Dabei gehen aber keineswegs Erfahrungen und Grundeinstellungen der vorangegangenen Lebensphase zugrunde, sie vereinigen sich vielmehr mit neuen Erlebnissen, Erfahrungen und Einsichten. Wer diese Ausrichtung des Lebens auf einen Endpunkt leugnet oder nicht vornimmt, erfährt Angst und Verzweiflung.

Wenn Sie diese Stabilität und Kontinuität erreichen wollen, dann können Sie diese nur in sich selbst finden, als Stabilität einer inneren Richtung. Die Bewegung in Ihrem Leben, die Sie bis jetzt nur unter dem negativen Aspekt der Vergänglichkeit gesehen haben, zeigt Ihnen dann eine Stabilität der Richtung und eine Kontinuität der Entwicklung und geistigen Entfaltung, die Ihrem Leben eine höhere Art von Beständigkeit und Wert geben, als es alle intellektuellen Abstraktionen je vermögen. Nur wenn Sie die eigene Begrenztheit des Lebens und die Gewißheit des Sterbens nicht nur mit dem abstrakten Verstand, sondern zutiefst erlebt und erfühlt haben, werden Sie die Sinnfrage richtig stellen und beantworten. Nur dann werden Sie die Verantwortung dafür übernehmen, was Sie in vielen Tagen und Stunden gedacht, gefühlt oder unterlassen haben. Sie sind sich bewußt: Sie schulden Rechenschaft für Ihr gelebtes Leben.

Wer den Gedanken an den Tod verdrängt, stellt sich nicht der Frage, was die endliche Summe seines Lebens ist. Was Sie brauchen, ist das Gefühl, daß Sie sich in eine Richtung bewegen, die Ihnen immer mehr davon gibt, was Sie wünschen und brauchen, dann erfahren Sie Ihr Leben nicht als zerrissen und ziellos.

Die Angst vor dem Sterben und dem Tod wird sehr groß sein, wenn das Leben nicht mehr als ein mit Sinn zu erfüllender Weg zum Tod angenommen werden kann. Ganz gleich in welcher Situation Sie sich befinden: Sie schaffen das nur, wenn Sie zwischen sich und der Welt einen sinnvollen Zusammenhang herstellen. Sie benötigen ein Selbstverständnis, das Ihrem Leben einen Sinn gibt.

Konkret bedeutet das, sich folgende drei Fragen zu stellen:

1. Wer bin ich? Was sind meine tiefsten Bedürfnisse und Wünsche?

2. Welche inneren Werte will ich in meinem Leben verwirklichen? Welche Bedeutung besitzt mein Leben für meine Mitmenschen, beziehungsweise welche Bedeutung kann ich ihm geben?

---

3. Was muß ich tun, um ein Leben gemäß Punkt 1 und Punkt 2 zu führen?

Wenn Sie sich mit diese Fragen eingehend beschäftigen, dann entwickeln Sie einen Bezugsrahmen, in dem die tragischen und die glücklichen Ereignisse und ebenso der Tod in Ihrem Leben einen Sinn erhalten.

Stellen Sie sich der Tatsache Ihrer Vergänglichkeit

Es ist eine sehr unangenehme Sache, sich den eigenen Tod vorzustellen. Das Nachdenken über die eigene Vergänglichkeit und den Tod ist für Sie hilfreich, weil es die Aufmerksamkeit von den unbedeutenden Dingen des Lebens abzieht. Indem Sie Ihren Zeithorizont erweitern, erkennen Sie das Wesentliche. Dazu gehört auch, zu begreifen, daß Sie mit dem Sterben nicht erst in Ihrer Todesstunde in Kontakt kommen. Denn immer, wenn Sie auf Ihrem Lebensweg von alten Sichtweisen und Verhaltensweisen loslassen, stirbt etwas in Ihnen ab.

Ich empfehle immer, alle zwei Wochen an den eigenen Tod zu denken und die folgende Übung durchzuführen.

Der Dalai Lama nähert sich am Tag sogar mehrmals dem eigenen Tod. Nun ist eine solche Praxis gewiß nicht jedermanns Sache.

Der Gewinn der folgenden Übung ist aber sehr groß, denn die Vorstellung des Sterbens hilft, das eigene Ego loszulassen.

Eine Bewußtseinsausweitung und eine Selbstobjektivierung sind die Folge. Sie vermögen sich gleichsam aus einer kosmischen Perspektive zu erleben. Viele wichtige Einsichten über das eigene Leben stellen sich ein.

Hier eine Übung: Setzen Sie sich auf einen Stuhl und entspannen Sie sich. Dann schließen Sie die Augen. Stellen Sie sich vor, Sie sitzen im Wartezimmer Ihres Arztes. Der Arzt ruft Sie nach einer Weile ins Sprechzimmer. Sie sind schon sehr neugierig und aufgeregt, da Sie heute den Untersuchungsbefund erfahren werden. Der Arzt verhält sich ganz anders als sonst. Ein unangenehmes Gefühl erfaßt Sie.

Der Arzt eröffnet Ihnen: ,,Sie haben nur noch vier Wochen zu leben.'' Was empfinden Sie? Nehmen Sie Ihre Gefühle wahr!

Nach einiger Zeit verlassen Sie panikartig die Praxis. Sie spüren, wie sie innerlich aufgewühlt sind. Mit wem sprechen Sie über die Diagnose?

Nun sind mehrere Wochen vergangen. Sie liegen im Krankenhaus und fühlen sich bereits sehr schwach. Wer kommt Sie im Krankenhaus besuchen? Was sagen die Besucher zu Ihnen? Denken Sie darüber eine Weile nach.

Es sind weitere Wochen vergangen. Sie fühlen sich schwächer und schwächer. Ihr Bewußtsein löst sich von Ihrem Körper und schwebt über ihm. Eine Krankenschwester betritt das Krankenzimmer und versucht, Ihren Puls zu fühlen. Aufgeregt ruft sie den Arzt. Sie hören, wie er zur Krankenschwester sagt: ,,Fahren Sie den Toten in das letzte Zimmer im Gang.'' Die Schwester fährt Sie in das andere Zimmer, Ihr Bewußtsein schwebt weiter über Ihrem Körper.

Am nächsten Tag erleben Sie, wie Ihr Leichnam in einen Sarg gelegt und in die Friedhofshalle transportiert wird.

Zwei Tage später findet Ihre Beerdigung statt. Vier Personen tragen Ihren Sarg. Ihr Bewußtsein schwebt über dem Sarg. Dann wird der Sarg in die ausgehobene Grube gelassen. Wen sehen Sie an Ihrem Grab stehen? Nun tritt einer nach dem anderen an das Grab und wirft Blumen und Erde auf Ihren Sarg. Nehmen Sie eine Weile das Geschehen wahr.

Nun verlassen die Menschen das Begräbnis. Es ist niemand mehr da. Was empfinden Sie? Konzentrieren Sie sich eine Weile auf dieses Gefühl.

Schließlich befindet sich Ihr Bewußtsein auf der Stufe des Todes. Lassen Sie Ihr bisheriges Leben vor Ihrem geistigen Auge ablaufen. Worauf sind Sie stolz? Was hätten Sie anders gemacht? Wie würden Sie Ihr Leben gestalten, wenn Sie noch länger hätten leben können? Denken Sie darüber eine Weile nach.

Zu welchen Ergebnissen sind Sie gekommen? Was haben Sie sich vorgenommen?

Lassen Sie Ihr Bewußtsein jetzt wieder in Ihren Körper zurückkehren. Sie erinnern sich: Sie sitzen auf dem Stuhl, strecken sich und befinden sich wieder in der Wirklichkeit. Sie machen einen Plan, wie Sie Ihre Einsichten in die Realität umsetzen.

Wenn Sie die Übung mehrmals durchgeführt haben, dann reduzieren Sie die Angst vor dem Sterben. Doch nicht nur das, Sie verlieren die Angst vor dem Leben, und ganz neue Dimensionen des Lebensgefühls und der Erfahrung erschließen sich Ihnen.

Wenn ich in meinem bisherigen Leben auf Menschen mit einer sehr hohen Entwicklungsstufe traf, erfuhr ich im Gespräch häufig, daß sie mit dem Tod bereits einen intensiven Kontakt hatten, sei es im Bekanntenkreis, in der Familie oder im Beruf. Die Erfahrung dieser unvermeidbaren Wirklichkeit hat sie vom Gespinst mancher Selbsttäuschung befreit. Besonders diese Menschen finden Freude an Ihrem Leben, nehmen es dankbar als Geschenk an.

Erleben Sie den Tod als eine Stufe der Reife

Das Gesetz der Schöpfung, der Zerstörung und der Weiterentwicklung beschreibt die Entwicklung des Universums und des Menschen.

Der Mensch besteht aus denselben Atomen wie das Universum, er ist deshalb als Fraktal unzerstörbar mit ihm verbunden. Das kreative Chaos wirkt nicht nur in den Fernen des Universums, es bestimmt auch die kreativen Prozesse im Gehirn des Menschen. Da der bevorstehende eigene Tod oder der bevorstehende Tod eines Menschen, den Sie lieben, jeden im Sein zutiefst trifft und aufwühlt, ist mit einem derartigen extremen, inneren Chaos auch eine sehr große Chance zu einer Reifung gegeben. Allein durch die Annahme des eigenen Todes und des Sterbens ist ein großer Reifungsprozeß möglich.

Heute ist bekannt, daß der Prozeß der Auseinandersetzung mit dem Tod mehrere Phasen durchläuft. Diese sind in *Bild 14* dargestellt.

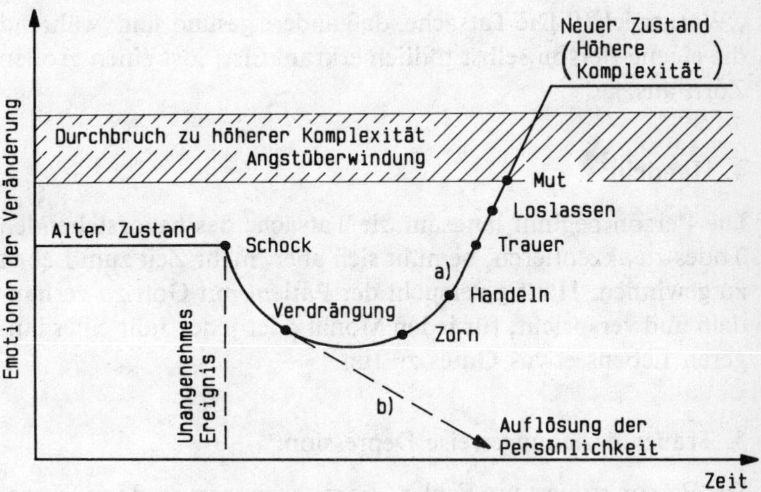

Bild 14: Emotionsverlauf vor dem Sterben

Der prinzipielle Gesamtverlauf entspricht dem Emotionsverlauf der nicht freiwillig vollzogenen Veränderung wie in *Bild 7*. Die einzelnen Stufen sind:

1. Schock:

Die konkrete Tatsache des bevorstehenden Todes stellt für die betroffene Person einen derartigen Schock dar, der sie extrem aufwühlt.

2. Leugnung (Verdrängung):

Da die Person mit der Realität, tödlich erkrankt zu sein, nicht fertig wird, erfolgt die Flucht in die Leugnung. Frau Dr. Kübler-Ross bezeichnet diesen Prozeß als Verweigerung.

3. Zorn:

„Warum ich?" Die Tatsache, daß andere gesund sind, während die eigene Person selbst tödlich erkrankt ist, löst einen großen Zorn aus.

4. Handeln:

Die Person beginnt langsam die Tatsache des bevorstehenden Todes zu akzeptieren, bemüht sich aber, mehr Zeit zum Leben zu gewinnen. Häufig versucht der Patient mit Gott zu verhandeln und verspricht, für jeden Monat oder jedes Jahr eines längeren Lebens etwas Gutes zu tun.

5. Trauer beziehungsweise Depression:

Die Person trauert um Fehler, die sie begangen, und um Dinge, die sie nicht getan oder versäumt hat. Langsam wird ihr die Tatsache des unvermeidbaren Todes bewußt, die sie in eine tiefe Depression führt.

6. Hinnahme beziehungsweise Einwilligung:

Hierbei läßt die Person vom Ego los und schaut den kommenden Dingen mit Mut entgegen.

Nicht jeder sterbende Patient durchläuft alle Phasen. Die Studien sind ein hilfreicher Wegweiser, um mehr Einsicht in das Verhalten eines tödlich erkrankten Menschen zu gewinnen.

Verständlicherweise empfinden wir große Angst, wenn wir mit der Nähe unseres Todes Bekanntschaft schließen. Sie können aber auch das Stadium Ihres Sterbens als das tiefreichendste Reifungsgeschehen Ihres gesamten Daseins erfahren. Menschen, die diese Reife erlangt haben, erreichen einen ganz besonderen Gleichmut (nicht Gleichgültigkeit) und einen inneren Frieden. Die Ängste sind überwunden. Wenn der Todkranke die Realität der Endgültigkeit zuläßt, vermag er all seine inneren Kräfte zu entwickeln.

Zu Recht wird seit Menschengedenken der Tod mit einem Heraustreten des Bewußtseins aus dem physischen Körper in der Art verglichen, wie ein Schmetterling seinen Kokon verläßt. Menschen, die sich in Todesnähe befanden, sei es nach einem Unfall oder bei einer Krankheit, berichten von unbeschreibbar schönen Erlebnissen. Sie erzählen zum Beispiel von Lichterlebnissen, zu denen sie wieder zurückkehren möchten. Sie berichten neben dem inneren Frieden von Gleichmut und von dem Gefühl des Ganzseins. Der Tod wird als Übergang zu einer neuen Bewußtseinsstufe erlebt.

Keine der Personen, denen ein solches todesnahes Erlebnis widerfuhr, hatte danach Angst vor dem Tod. In diesem Licht sehen Menschen oft nicht nur ihr ganzes Leben an sich vorbeiziehen, es wird ihnen auch bewußt, was sie hätten sein können. Und so finden in den letzten Monaten und Wochen vor dem Tod tiefgreifende Veränderungen im Menschen statt.

Durch die Bewußtseinsveränderung in der Nähe des Todes erschließen sich neue Ebenen der Selbstorganisation des Bewußtseins. Der Mensch ist mit dem Ursprung allen Seins verbunden und erlebt das Eingebettetsein in eine universale Dynamik. So erlebt der Sterbende gleichsam in der Erfahrung der spirituellen Energie eine tiefe Geborgenheit, die ihm die Angst vor dem Tod nimmt.

In meinen Meditationsseminaren erleben Menschen auch die beglückenden Erfahrungen, die sie in der Nähe des Todes haben. Denn mit fortschreitender Sammlung bei der Meditation erfolgt auch hier eine immer größere Verfeinerung und Ausweitung des Bewußtseins, oder anders ausgedrückt: In der Meditation ziehen Sie sich in dieselben tiefen Schichten Ihrer Psyche zurück, die das Bewußtsein in der Nähe des physischen Todes einnimmt.

Im vergangenen Unterkapitel wurde Ihnen empfohlen, selbst Perturbationen des Gehirns auszulösen, um dadurch schneller loszulassen und den Durchbruch und die Veränderung schneller zu vollziehen.

Wenn Sie auf diese Art in unterschiedlichen Lebenssituationen den Schmetterling in sich selbst befreien, stoßen Sie damit gleichsam das Tor zu einer neuen Lebensstufe auf.

Haben Sie dies bereits häufig in Ihrem Leben getan, werden Sie mit Sicherheit auch in der Nähe des Todes zu großen Erfahrungen vorstoßen. Denn Ihre Erfahrungen in der Nähe des Todes werden auch dadurch bestimmt, welche Tore Sie schon im Leben geöffnet haben.

Nur wenn Sie das Leben mit seinen Veränderungen bejahen, werden Sie keine Angst vor dem Sterben haben. Um das Leben zu erfahren, dürfen Sie es nicht festhalten. Das zeigen uns schon die Funktionen des Körpers, die die Gesetze des Lebens widerspiegeln. Jeder Stoff, den Sie festhalten, sei es nun die Luft oder die Nahrung, verwandelt sich in Gift. Ausatmung und Ausscheidung sind ebenso lebenswichtig wie das Einatmen und die Aufnahme der Nahrung. Das Sterben ist genauso lebenswichtig wie das Geborenwerden.

Unsterblichkeit bezeichnet das Bewußtsein der eigenen tieferen Wirklichkeit. Wenn Sie den Anschluß an die großen Zusammenhänge Ihrer Existenz und des inneren Seins gefunden haben, fallen Sie nicht der Vergänglichkeit anheim.

In den USA werden unter Leitung von Frau Dr. Elisabeth Kübler-Ross Workshops durchgeführt, in denen sich die Teilnehmer etwa eine Woche lang mit dem Tod beschäftigen. Studien hinsichtlich der Einstellung zu Leben und Tod vor und nach dem Workshop ergeben:

1. Einstellung zum Tod *vor* (a) und *nach* (b) dem Seminar:

   a) Ende, Abbruch, Trauer, Leere.
   b) Friedlichkeit, Abwesenheit von Angst.
   a) Angst, Ende, Schrecklichkeit, Schmerz.
   b) Weitergehen, Eingebundensein in eine höhere Ordnung.

2. Einstellung zum Leben *vor* (a) und *nach* (b) dem Seminar:

   a) Das Leben wird nicht annähernd ausgelebt (nur körperliche Existenz).
   b) Das Leben wird vollkommen ausgelebt, es wird als Energiestrom erfahren (spirituelle Existenz).

3. Einstellung zum Selbst *vor* (a) und *nach* (b) dem Seminar:

   a) Selbsthaß, Selbstzweifel.
   b) Steigerung des Wertgefühls, Selbstbewußtsein.

4. Einstellung zu den Mitmenschen *vor* (a) und *nach* (b) dem Seminar:

   a) Abwertung und Verurteilung der Mitmenschen.
   b) Verstehen und verminderte Verurteilung der Mitmenschen.

5. Einstellung zu Werten *vor* (a) und *nach* (b) dem Seminar:

   a) Leistungsbewußtsein.
   b) Verringerung des Leistungsbewußtseins, Betonung des inneren Wachstums.
   a) Unterbetonung der Spiritualität.
   b) Erfahrung der höheren Wirklichkeit (Gottes), intensives Geborgenheitsgefühl.

Angst vor der Trennung

Wer sich eingehend mit dem Tod beschäftigt hat und ein Verhältnis zu ihm aufgebaut hat, dem fällt es leichter, folgenden Situationen mehr Verständnis entgegenzubringen und mit ihnen bewußter umzugehen:

- Das Loslassen des Partners, sei es durch Scheidung oder Tod.
- Das Loslassen der eigenen Kinder.

Solche Verluste greifen sehr tief in das Leben eines jeden Menschen ein. Da unser Leben zu einem großen Teil aus Bindungen an Mitmenschen besteht, werden wir durch die Trennung von einem liebgewonnenen Menschen sehr erschüttert. Daher ist die Angst vor Trennung weit verbreitet.

Die Trauer ist diejenige schmerzliche Emotion, mit der Sie beendete Beziehungen aufarbeiten können. Nur wenn Sie sie nicht verdrängen, haben Sie die Möglichkeit, Ihr Bewußtsein auf eine Ebene höherer Komplexität zu bringen. Dazu ist es notwendig, die Angst vor der Trauer zu überwinden. Das ist jedoch nur möglich, wenn Sie eine neue Einstellung ihr gegenüber aufbauen. Ihr Leben wird durch viele Abschiede geprägt. Es ist unsere Bestimmung, abschiedlich zu existieren und daran zu reifen. Jeder Abschied tut weh, er gehört unvermeidbar zu jedem Leben, doch Sie vermögen die Trauer durchzustehen und daran zu erstarken.

Bei einem Verlust erleidet der Mensch zunächst einen Schock, diesem schließt sich die Phase der Verdrängung, das Nichtwahrhaben-Wollen, an. Die Verdrängung wird wiederum vom Zorn abgelöst, der den Verlust als nicht gerecht empfindet. Dann folgt die Phase des Handelns. Hierbei beschäftigt sich der zurückgebliebene Partner intensiv mit dem Verstorbenen. Er sucht Örtlichkeiten auf, in denen der Verstorbene häufig anzufinden war, entdeckt Ähnlichkeiten im Verhalten anderer Menschen, oder ertappt sich dabei, Zwiegespräche mit ihm zu führen. Die

Person beginnt, die Vergangenheit noch einmal in der Phantasie zu durchleben. Das bewirkt jedoch eine Verstärkung der Phase des Trauerns.

Andererseits bereitet die intensive Auseinandersetzung mit dem verstorbenen Partner die Phase des Loslassens vor. Wer einen Trauernden dazu drängt, die Phase des Suchens vorzeitig abzubrechen, beeinträchtigt die Bewältigung des Verlustes. Wenn der Trauernde in steigendem Maße erkennt, daß vieles aus der beendeten Beziehung ihn selbst bereichert hat und nun in ihm selbst integriert ist, schafft er es, einen neuen Selbstbezug aufzubauen. Obwohl nun neue Dinge im Leben des Menschen eine Rolle spielen, ist der Verstorbene nicht vergessen. Rückfälle in die Phase des Trauerns können durchaus auftreten.

Werden jedoch die Emotionen ausgehalten, dann werden sie schließlich immer schwächer. Es ist wichtig zu akzeptieren, daß das emotionale Chaos ertragen werden muß. Nur dann können alte Gewohnheiten abgebaut und neue komplexere Muster aufgebaut werden, in denen die verflossenen Erfahrungen integriert sind.

Wer die Emotionen nicht aushalten kann, wird das Opfer von Depressionen als Folge des nicht bewältigten Verlustes. Das Abbrechen einer Beziehung wie bei einer Scheidung löst ähnliche Prozesse und Reifungsschritte aus.

Wer nicht bereit ist, Veränderungen zu ertragen, der entwickelt eine Neigung zu Depressionen. Nehmen Sie daher Veränderungen an, auf diese Weise formen Sie sich immer wieder neu. Gleichzeitig erleben Sie ein Einssein mit sich selbst und der höheren Wirklichkeit, in der Sie sich geborgen fühlen. Sie werden wieder für das Leben offen.

Tod und Trennung gehören zum Leben. Wandlung und Trennung sind unvereinbar miteinander verbunden. Sie müssen die Prozesse zulassen, dann werden Sie daran reifen. Nur wenn Sie die Trauer akzeptieren, werden Sie wieder zur Freude fähig sein. Jeder Verlust erlaubt es Ihnen, neue Seiten an sich zu entwickeln und sich Neuem zu stellen. Lassen Sie die Trauer zu, dann überwinden Sie die Angst vor künftigen Verlusten, die Sie vom Leben trennt. Wenn Sie das wiederholt erlebt haben, werden Sie Gelassenheit entwickeln.

Das Loslassen der eigenen Kinder

Der Ablösungsprozeß von den eigenen Kindern fällt Frauen fast immer schwerer als Männern. Frauen, die allein für die Mutterrolle lebten, verlieren dann ihren Lebensinhalt. Jede Ablösung wirft den Menschen auf sich selbst zurück. Die Emotionen des Ablösungsprozesses, die vorher erwähnt wurden, gelten auch im Falle des Loslassens der eigenen Kinder. Zunächst wollen die Eltern die Trennung nicht wahrhaben nach dem Motto: „Selbst wenn die Kinder ausziehen, bleibt doch alles beim Alten", was aber nicht richtig ist. Die Wut, daß die Kinder das Haus verlassen, wird oft nicht ertragen und auf deren Partner projiziert. Manche Eltern wollen von den Kindern zunächst nichts mehr wissen, sie freuen sich aber sehr, wenn diese wieder zu Besuch kommen. Häufig treten bei der Ablösung auch Schuldgefühle auf, da die Eltern meinen, etwas falsch gemacht zu haben. Es wäre aber der ungeeignetste Zeitpunkt, hierbei Versäumtes gutzumachen.

Viele Eltern haben in dieser Phase Angst um die Zukunft der Kinder. Sie trauen den Kindern nicht zu, den Weg in die Selbständigkeit zu finden und ihre Zukunft zu gestalten. Der Ablösungsprozeß würde zwischen Eltern und Kindern besser gelingen, wenn beide Teile noch vor seinem tatsächlichen Auftreten überlegen und herausfinden würden, was man gegenseitig in sich belebt hat. Sehr oft beleben Kinder das, was die Eltern ihr Leben lang verdrängt haben.

Sowohl die Beziehungspersonen als auch die sich ablösenden Jugendlichen haben die Trauerarbeit zu bewältigen. Die Phase, die nun folgt, ist dadurch geprägt, daß sich nach der Ablösung ein ganz neues Verhältnis von Distanz und Nähe aufbaut. Dieses Verhältnis kann nicht statisch aufgefaßt werden, es ist vielmehr etwas, das sich aus den jeweiligen Bedürfnissen der Beteiligten ergibt. Notwendig ist immer, die Selbständigkeit und Autonomie des Kindes zu akzeptieren und zu respektieren. Die Entwicklung des Kindes wird gefördert, wenn es das Gefühl hat, zum „Auftanken“ nach Hause kommen zu können, dort geliebt und akzeptiert zu werden und dann wieder eigene Wege gehen zu können. Das kann aber nicht bedeuten, daß die Phase, in der die Eltern immer ganz für das Kind da waren, erhalten bleibt. Hier ist daher Trauerarbeit durch den Jugendlichen zu leisten.

Eltern und Kinder müssen die Trauerarbeit bewältigen, um nicht depressiv zu werden. Dies erfordert, sich in das individuelle Selbst zurückzuziehen. Voraussetzung hierfür ist es aber, Wissen über die eigene Identität zu besitzen. Wer kein individuelles Selbst hat und in seinem Rollenverhalten gefangen ist, wird mit der Trauerarbeit nicht fertig werden. Daher muß erst die eigene Identität gesucht werden, um den Ablösungsprozeß zu überstehen. So stellt auch der Ablösungsprozeß von den Kindern wie jeder Trauerprozeß eine Chance und eine Herausforderung dar, sich auf sich selbst zu besinnen.

Distanz und Nähe

Sie wissen: Angst bedeutet eine Fixierung des Bewußtseins. Sie entwickelt sich immer dann, wenn sich jemand nicht in sein Selbst zurückziehen kann, aber auch in seinem Wohlbefinden von der Außenwelt oder einer anderen Person abhängig ist. Wer keine eigene Individualität entwickelt hat, dessen Wohlbefinden ist immer von der Umwelt geprägt. Dieser Mensch verspürt Angst, ein eigenständiges Ich zu werden. Da er den Mut zum Ich nicht besitzt, bleibt er ein lebenslanges Opfer seiner Angst. Der Wunsch, die Grenzen des eigenen Ichs wenigstens für kurze Zeit zu überschreiten, ist in jedem Menschen verwurzelt.

Der seelisch gesunde Mensch entwickelt seine Individualität, tritt aber auch mit dem Du in Beziehung. Wenn jemand jedoch die Ich-Werdung vermeidet und im Du aufgeht, bewirkt die Hingabe zum Du eine Abhängigkeit und eine Fixierung. Solche Menschen „lieben" den anderen, weil sie ohne ihn nicht existieren können. Der freie Flow zwischen dem Ich und dem Du ist nicht mehr gegeben. Eine solch fixierte Person wird immer bestrebt sein, die Distanz zum anderen in Nähe zu verwandeln. Schon der Gedanke an die Distanz löst Angst aus. Die Verlustangst ist also eine Folge der Ich-Schwäche. Sie oder er hofft, alles vom anderen zu bekommen, was sie oder er für sich selbst nicht verwirklichen kann. Der große Irrtum besteht darin, daß solche Menschen sich das Du nicht sichern, indem sie alles dafür tun. Je mehr sie für den anderen auf sich nehmen, um so weniger werden sie geschätzt. Eine solche Selbstlosigkeit ist eine Folge der Selbst*losig*keit, und das empfindet der Partner unbewußt.

Der Mensch, der nur im anderen aufgeht, ist depressiv. Der Depressive übernimmt die Meinungen seines Partners, was ihn noch hilfloser macht. Wenn er die Angst vor der Selbstwerdung nicht überwindet, wird er vom Partner nie für „voll" genommen. Da er wegen seiner Fixierung nicht fähig ist, seine Energien zu lenken, vermag er auch nicht, für seine Rechte einzutreten. Er zeigt ein Verhalten, das sich in Überbesorgtheit, Selbstanklagen und Duldnerhaltung äußert. Der depressive Mensch besitzt kein Selbstwertgefühl, geht im anderen auf, vermag sich aber nicht in sich zurückzuziehen.

Koevolution

Jeder Mensch ist Teil des Universums. Der Kosmos, Sie und Ihr Partner befinden sich in der Evolution. Sie erinnern sich: Ihr Bewußtsein weist Organisationsmuster auf, die in Wechselwirkung mit der Umwelt stehen. Da Sie nicht unabhängig in sich selbst bestehen, werden Sie nur etwas sein in bezug auf etwas anderes. Martin Buber, ein jüdischer Philosoph, sagte schon: Das Ich bildet sich am Du. Auf das Positive jeder Beziehung wurde schon hingewiesen: Jeder bringt im Partner neue Seiten seines Wesens zur Entfaltung. Das erfordert in der Praxis:

– Sie lassen dem Partner die Freiheit, gelegentlich etwas zu tun, von dem Sie nicht gerade begeistert sind.
– Sie handeln auf eine bestimmte Art und Weise, da Sie sich für den Partner verantwortlich fühlen.
– Sie unternehmen ab und zu etwas mit dem Partner gemeinsam, das außerhalb Ihrer Interessen liegt.

Die vorher erwähnte Trennung durch den Tod, die Scheidung oder der Ablösungsprozeß von den Kindern stellen zwei extreme Vorgänge der Koevolution dar.

Versuche, der Koevolution auszuweichen, sind zum Beispiel Vertragsklauseln der Partnerschaft, mit denen dem Partner eine bestimmte Rolle zugewiesen wird, von der er nicht abweichen darf. Wenn das Erlebnis- und Beziehungsfeld weitgehend eingeengt wird, erstarrt die Beziehung. So forderte beispielsweise eine Ehefrau leidenschaftlich: ,,Ich will gar nicht, daß du alles tust, was ich sage. Ich will nur, daß du genauso denkst, wie ich denke.“ Diese Äußerung bringt die große Starrheit, mit der eine Wandlung vermieden wird, zum Ausdruck, weil eine tiefe innere Angst vor der Korrektur des Selbstideals existiert. Mit dieser Angst wird ein Teil der eigenen Wirklichkeit und der Realität des Partners ausgeklammert.

Trotz der Koevolution in der Partnerschaft bleibt jeder Mensch in seinem innersten Wesenskern oft allein. Er spürt, daß die Fähigkeit des Partners, auf ihn einzugehen, begrenzt ist. Die Sehnsucht, von einem Menschen vollkommen und umfassend verstanden zu werden, kann nicht erfüllt werden. Die Koevolution ergibt sich weder aus völliger Angepaßtheit noch aus völliger Nichtangepaßtheit. Das Ertragen der Frustration durch ein nicht völliges Verstehen der Partner untereinander löst wiederum neue Reifungsprozesse aus, die zu noch höheren Komplexitäten des Bewußtseins führen.

Angst vor der Bindung und der Fesselung

Leben bedeutet, im Austausch mit der Umwelt zu sein und Beziehungen zu anderen Menschen einzugehen. Nur dann kann Ihr Bewußtsein als offenes System wirken, Leben und Weiterentwicklung sind möglich.

Bindungsangst

Eine Person, die Angst vor dem anderen empfindet, läßt derartige Kontakte nicht zu. Sie will unabhängig sein, der Mitmensch soll ihr nicht zu nahe treten, denn Nähe wird als Bedrohung empfunden. Das Vermeiden der Nähe aus Angst vor dem Du isoliert eine solche Person immer mehr; obwohl Gefühle der Sympathie und Zuneigung Menschen einander näherbringen, erlebt sie diese Emotionen als gefährlich. Durch die große Distanz, die sie zum Mitmenschen aufbaut, erfährt sie nicht, was in ihm vorgeht. Das Gefühlsleben verkümmert, denn es mangelt an emotionaler Bezogenheit. Menschen mit Angst vor einer Bindung sind mehr an sich als am anderen interessiert. Die Hingabe wird als Ich-Aufgabe erlebt. Um die Angst vor der Hingabe zu rationalisieren, wird der Mitmensch als bedrohlich empfunden, ohne zu erkennen, daß es eine eigene Projektion ist.

Die Angst vor einer Bindung entwickelt sich immer dann, wenn ein Kind von der Welt enttäuscht wird und sich gegen sie wehren muß. Wenn jemand mit Partnern keine positiven Erfahrungen macht, entwickelt er leicht Selbstbezogenheit und Egozentrik. Bei einem Menschen mit Angst vor einer Bindung ist das ganzheitliche Erlebnis- und Austauschfeld gestört. Gefühl und Verstand bilden keine Einheit. Die Angst vor dem Du treibt solche Menschen in die Isolierung und Einsamkeit, die die Angst wiederum noch verstärken, die Unordnung im Bewußtsein nimmt zu.

Die verdrängte Angst kann einen Menschen in Form einer Psychose überschwemmen. Die eigenen Ängste werden dann auf die Außenwelt projiziert, weil sie dort leichter bekämpft werden können. Um sich vor der Außenwelt zu schützen, entwickeln solche Menschen Distanz, Arroganz und Gefühllosigkeit.

Fesselungsangst

Die Bedrohung der Freiheit ist das Thema der Fesselungsangst. Menschen mit Angst vor dem Endgültigen bejahen die Veränderung und das Neue und sind risikofreudig. Sie fürchten sich vor allen Einschränkungen und suchen nach Abenteuern. Ordnungen werden als Behinderung der Freiheit erlebt.

Menschen mit Fesselungsangst haben ihre Identität nicht gefunden. Wenn sie die Einsamkeit erleben, dann fühlen sie sich nur als Kämpfer wohl. Mit diesen Aktivitäten gelingt es ihnen für eine gewisse Zeit, die Angst vor dem Eingesperrtsein zu verdrängen.

Andere werden in geschlossenen Räumen wie einem Fahrstuhl, einem Bus, einem Supermarkt von einer Panikstimmung befallen. Diese Ängste werden als Klaustrophobie bezeichnet. Eine Änderung solcher Angstzustände ist nur möglich, wenn sich die Betroffenen langsam immer mehr den Belastungen aussetzen, vor denen sie bisher zurückschreckten.

Menschen mit Fesselungsangst flüchten in Gefahren, vor denen anderen graut. Bald fällt ihnen aber wieder „die Decke auf den Kopf" und sie suchen nach neuen Herausforderungen. Stets plagt sie eine innere Unruhe. Nicht von Aktivitäten erfüllt zu sein, setzen sie dem Tod gleich. Sie wollen sich immer wieder aufs neue ihre Kondition beweisen. Die Angst vor der Unfreiheit und vor der Auflösung des Selbst treibt sie zu solchen Taten.

Während sich die Menschen mit Trennungsängsten vor der lebendigen Wechselwirkung mit der Umwelt abschirmen, sind diejenigen mit Fesselungsängsten darauf aus, ihr Bewußtsein und ihre Gehirnvorgänge anregen zu lassen. Doch die Prozesse verhaften im Oberflächlichen, sie führen nicht zu der Differenzierung des Bewußtseins und zu höherer Komplexität. Es wird eine Unordnung im Bewußtsein durch eine andere abgelöst, und die Ängste werden nur erhöht.

Angst am Arbeitsplatz

Auch am Arbeitsplatz treten unterschiedliche Arten von Ängsten auf: die Angst vor dem Leistungsdruck, vor dem Versagen, vor unberechenbaren Chefs, vor intriganten Kollegen und vor dem Verlust des Arbeitsplatzes.

Ständige Angst am Arbeitsplatz führt zu Dauerstreß. Wenn Sie nicht dagegensteuern, werden Sie bald wirkliche Gefahren nicht von eingebildeten unterscheiden können. Der Körper ist dann dem Druck nicht mehr gewachsen. Und das führt zu Herzrhythmusstörungen, Darmgeschwüren und zu erhöhtem Blutdruck. Ebenso gefährlich ist es auch, wenn Sie nicht mehr einschlafen können, grübeln, unkonzentriert sind und wichtige Informationen übersehen. Die Spannung wächst, die Bereitschaft zur Angst steigt, ein Teufelskreislauf beginnt.

Versagensangst

Leider beinhaltet die Leistung heutzutage häufig kein freudiges Tun mehr. Worte wie Leistungsdruck weisen darauf hin. Die Angst, zu versagen und sich in der Arbeit blockiert zu fühlen, findet ihre Ursache fast ausschließlich in Kindheitserfahrungen. Wer mit dem Gefühl aufgewachsen ist, daß seine Leistungen nie ausreichen und es immer etwas zu kritisieren und nicht zu loben gibt, wird sich in jeder Situation Sorgen machen und Angst haben zu versagen. Berufliche und private Partner haben es in der Hand, solche Menschen mit den erwähnten negativen Kindheitserfahrungen durch Lob und Anerkennung zu stärken oder zu frustrieren. Die Lösung des Problems ist ganz einfach: Das Selbstwertgefühl darf nicht allein von der Umwelt bestimmt sein und muß verstärkt werden. Andererseits gibt es aber auch junge Menschen, die dermaßen verzogen sind und denen ein unrealistisches Selbstwertgefühl vermittelt wurde, daß sie anderen mit Arroganz entgegentreten. In diesen Fällen gilt es, mehr Selbsterkenntnis zu entwickeln.

Versagensangst stellt sich oft ein, wenn das Kind durch die Eltern überfordert wurde. Psychotherapeuten entdecken hinter ihr häufig den Trotz gegen einen Beruf, der wider Willen übernommen wurde. Dann ist das Versagen einem Akt der Selbstbefreiung gleichzusetzen.

Einen entscheidenden Einfluß auf die Versagensangst hat die Sündenbockrolle, in die das Kind gedrängt wird. Wenn ein Elternteil auf das Kind die eigene Unzufriedenheit und die eigenen Mängel projiziert und es mit Vorwürfen verfolgt, glaubt es den Worten des Erwachsenen und das Selbstbild wird geschwächt.

Die häufigste Ursache vieler Versagensängste ist die unrealistische Erwartungshaltung der Chefs. Ihre eigene Angst um ihren Job umnebelt sie, so daß es ihnen an effizientem Vorgehen mangelt. Hektik steht anstelle der Leistung. Selbst wenn ein Mitarbeiter überdurchschnittliche Leistungen erbringt, überfordern sie ihn mit einer Vielzahl an zu erledigenden Arbeiten. Besitzt der Mitarbeiter wenig Selbstvertrauen und vermag er nicht geschickt nein zu sagen, nimmt die Angstspirale kein Ende. Niemandem gelingt es, unrealistische Erwartungen auf Dauer zu erfüllen. Und mit steigendem Druck werden am Ende immer weniger gute Ergebnisse erzielt. Wenn Sie keine realistischen Pläne machen und Ihre Arbeit nicht richtig selbst organisieren, schaffen Sie neues Chaos im Bewußtsein, die Angst wird größer und die Leistung läßt nach.

Meditation und andere Konzentrationsübungen helfen Ihnen, die Ordnung im Bewußtsein aufrechtzuerhalten und sich nicht durch negative Verhaltensweisen des Chefs anstecken zu lassen, die alle Auswirkungen seiner eigenen Angst sind.

Die Angst des Vorgesetzten kann sich auf unterschiedliche Weise äußern:

- Ungeduld,
- Nervosität, Fahrigkeit, Aufregung, Launenhaftigkeit,
- Wiederholung von Negativerlebnissen, Schwarzmalerei,
- Umwerfen von Entscheidungen und häufige Änderung von Zielen, was durch gründliches Überlegen hätte vermieden werden können,
- destruktive Kritik,
- Vermeidung einer Prioritätensetzung, das Unwichtige steht im Vordergrund,
- Übertreiben von kleinen Fehlern und Pannen,
- überflüssiges Reinreden in delegierte Arbeiten.

Es ist wichtig, sich selbst für die Ordnung im eigenen Bewußtsein verantwortlich zu fühlen und sich von den Verhaltensweisen des Chefs nicht anstecken zu lassen.

Angst vor dem Chef

Ganz entscheidend ist: die eigene Meinung dem Chef gegenüber auch selbstbewußt zu äußern. Natürlich werden Sie jetzt fragen: Kann ich mir das aufgrund der heutigen Arbeitsmarktsituation überhaupt erlauben?

Wer mehr Geld ausgibt, als er verdient, für eine Familie verantwortlich ist und wenig Selbstbewußtsein vorzuweisen hat, der wird sich natürlich schwertun, Zivilcourage zu entwickeln.

Viele Arbeitnehmer könnten häufiger die eigene Meinung äußern, ohne daß Nachteile damit verbunden sind, denn das Problem ist in diesem Fall nicht der Chef, sondern die Angst des Mitarbeiters.

Mut hilft auch hier weiter. Bringen Sie eine berechtigte Kritik an. Machen Sie Vorschläge, wie etwas verbessert und gewinnversprechender angewendet werden kann. Der Chef darf sich durch Ihre Anmerkung nicht bedroht fühlen, sonst wird er überempfindlich reagieren. Ganz entscheidend ist natürlich, ihm nicht das Gefühl zu vermitteln, an seinem Stuhl sägen zu wollen.

Machen Sie es auch nicht wie eine Leserin eines meiner Bücher. Sie schrieb mir nach der Lektüre des Buches ,,Wer ist Dein Freund, wer ist Dein Feind? Praktische Menschenkenntnis": ,,Nach dem Lesen Ihres Buches erkannte ich all die negativen Eigenschaften meines Chefs, und dann sagte ich ihm, was für ein Arsch er sei."

Wenn Sie bei Ihrem Chef gelegentlich positive Seiten entdecken und einen seiner Erfolge loben, dann wird sich auch eine positive Atmosphäre zwischen ihnen entwickeln. Spürt Ihr Vorgesetzter, daß Sie ihm seine Position nicht streitig machen wollen, sondern ihm nur helfen wollen, so fühlt er sich nicht bedroht.

In meinem Seminaren habe ich erfahren, daß viele Menschen nicht wissen, wie sie es anstellen, um ihrem Chef geschickt ihre Meinung zu verdeutlichen.

Empfehlung: Leiten Sie Ihre Ausführung etwa mit folgendem Text ein: ,,Ich habe mir etwas überlegt. Ich meine, das steigert den Erfolg Ihrer Abteilung. Für mich ist es sehr wichtig, wie Sie aufgrund Ihrer vielen Erfahrung und Ihrer Übersicht meinen Vorschlag einschätzen." Nun sprechen Sie über Ihren Vorschlag ...

Natürlich können Sie auch andere Worte wählen. Häufig wagen Mitarbeiter dem Chef auch nichts zu sagen, weil sie seine angeblich ablehnenden Antworten schon fertig in ihrem Kopf haben. Geduld ist auch hier sehr wichtig. Nicht selten höre ich von Seminarteilnehmern: ,,Wir benötigten mehrere Versuche, die sich über drei Monate erstreckten, um den Chef zu überzeugen." Andere entgegneten manchmal dazu: ,,Bei uns hat es fast ein ganzes Jahr gedauert."

Akzeptieren Sie ein ,,Nein" nicht sofort. In einer solchen Situation können Sie beispielsweise sagen: ,,Ihre Argumente sind derartig interessant, daß ich mich mit Ihnen darüber ein anderes Mal unterhalten möchte." Beenden Sie dann das Gespräch, und versuchen Sie es nochmals zu einem späteren Zeitpunkt.

Viele machen sich auch unbegründet Angst und Sorgen. Der Unmut des Chefs hat vielleicht ganz andere Gründe als die Leistung. Dennoch löst eine Bemerkung des Vorgesetzten ein ganzes Sorgenkarussell aus: „Wie meint er die Bemerkung? Schätzt mich der Chef nicht mehr?"

In einem solchen Fall ist es von Nutzen, die Gedankenkette zu unterbrechen und die Gedanken in eine positive Richtung zu lenken.

Angst vor den Kollegen und Kolleginnen

Ein gutes Verhältnis zu Kollegen ist wichtig. Andererseits müssen Sie auch mit der Bösartigkeit mancher Menschen rechnen. Nicht wenige Menschen meinen, die anderen sind genauso nett wie sie selbst. Wer zu vertrauensselig ist, wird immer wieder enttäuscht werden. Vorsicht darf nicht mit Angst verwechselt werden. Es ist notwendig, nett zu Kolleginnen und Kollegen zu sein, aber hüten Sie sich davor, eine Vielzahl an Informationen preiszugeben, auf die ein anderer keinen Anspruch hat.

Angst vor dem Gewissen

Die Gewissensangst bezeichnet die Angst vor der Schuld. Das Gewissen läßt sich nicht einfach als Ergebnis von Einflüssen der Erziehung deuten. Es existiert in jedem Menschen eine Instanz, die Angst und Schuldgefühle hervorruft, wenn er einem anderen Leid oder Schmerzen zufügt. Das Gewissen ist eine innere Stimme, die trotz der Unterschiedlichkeit der Individuen in jedem Menschen vorhanden ist.

Wenn eine Person von Egoismus und Aggressivität gelenkt wird, dann kann sich das Gewissen melden. Dieser Konflikt äußert sich als Angst vor der Schuld, die der Mensch auf sich nimmt.

In der heutigen Zeit spielt die Gewissensangst im Verhältnis zu den anderen Ängsten eine untergeordnete Rolle. Die Abstumpfung des Gewissens durch Rücksichtslosigkeit bezeichnet den Regelfall. Konflikte in Partnerschaften und Familien laufen darauf hinaus, einen Schuldigen zu suchen, um sich selbst von der Schuld freizusprechen.

Die Schuldangst verspüren viele Eltern, die die Probleme ihrer Kinder auf ein Versagen in der Erziehung zurückführen und sich anlasten. Ganz gleich, ob die Kinder Konzentrationsschwächen, Hemmungen oder ein anderes unerwünschtes Verhalten aufweisen, die Eltern sind bereit, die Ursache des Fehlverhaltens bei sich zu suchen und ihre Fehler zu korrigieren. Eltern hören sich zwar oft die Ratschläge des Therapeuten an, sie sind aber unfähig, am eigenen Verhalten etwas zu verändern. Doch noch eine andere Tatsache kommt hinzu. So manches Fehlverhalten ist bereits im Charakter des Kindes angelegt. Und die Eltern trifft hierbei keine Schuld. Leider wird auf diese Tatsache in der Literatur nur selten hingewiesen.

Unbewußte Schuldangst spielt oft eine Rolle, wenn sich Menschen selbst Schwierigkeiten bereiten. Ohne sich der Tatsache bewußt zu sein, folgen sie einem inneren Zwang, der ihnen nur dann bescheidene Erfolge zubilligt, wenn sie sich klein und unbedeutend machen und erniedrigen. Sie vertragen es nicht, wenn es ihnen gutgeht, denn sie gefallen sich in der Opferrolle und lassen sich leicht ausbeuten.

Ein solches Verhalten hat aber mit dem Einfluß des Gewissens überhaupt nichts zu tun. Hier spielen vielmehr falsche Glaubenssätze eine Rolle, wie zum Beispiel: „Ich bin nicht wertvoll", oder: „Ein guter Mensch muß leiden", die als negative Speicherungen im Unterbewußtsein wirken.

Die Gewissensangst stellt eine sehr unangenehme Form der Angst dar. Wem beispielsweise bewußt wird, daß er einem Verstorbenen mehr menschliche Zuwendung hätte schenken müssen, kann an seinem Versäumnis nichts mehr ändern. Die Steigerung der Gewissensangst führt häufig zu Schulddepressionen. Hier kann der Glaube an einen verzeihenden Gott hilfreich sein, der in einem solchen Fall Trost spendet.

Angst vor dem Altern

Die Meinung ist weit verbreitet, daß der Höhepunkt des menschlichen Lebens im Alter zwischen 40 und 50 Jahren zu finden ist und daß alles, was danach kommt, nur noch einem Abstieg gleichzusetzen ist. Die meisten Menschen denken zuviel über das Älterwerden nach. Sie fürchten das Ende ihres Lebens und vermögen sich nicht mehr den Freuden des Daseins zu öffnen, durch dieses negative Verhalten verkürzen sie ihr Leben. Das Altsein wird als Übel betrachtet, das Jungsein als eine Art innerer Zustand erfährt dagegen wenig Beachtung. Nur wer sich weiterentwickelt, versucht, dazulernt, hofft und vertraut, ist und bleibt innerlich jung. Wer dagegen geistig rastet und rostet, der empfindet die Jahre als wachsende Last, die ihn immer weiter niederdrückt.

Viele Menschen richten ihr Bewußtsein nur auf den Körper, deshalb stellt das Altwerden für sie eine unerfreuliche Tatsache dar. Das Jungbleiben fällt ihnen schwer, sie klammern sich an eine alte Lebensstufe und können diese nicht loslassen.

Menschen, die früh alt werden, waren es eigentlich schon vorher. Jugendlichkeit und Greisenhaftigkeit hängen nicht vom Alter des Menschen ab. Jugendlichkeit ist eine Angelegenheit der Aufgeschlossenheit und der Bereitschaft zum Wachstum und Fortschritt. Jugend und Alter sind nicht von der Zahl der vergehenden Jahre abhängig, sie sind Bestandteile unseres Denkens, Fühlens und Tuns. So bedeuten die Jahre, die vor Ihnen liegen, keinen Abstieg, sondern einen Aufstieg zu bisher unerreichten Höhen der Lebenskunst und Weisheit.

Es ist ein großer Irrtum, zu glauben, im Alter würde zwangsläufig eine Abnutzung des Gehirns stattfinden. Die Leistungskraft des Gehirns nimmt sogar noch zu, vorausgesetzt, es wird beansprucht. Neue Talente und Fähigkeiten brechen beim geistig arbeitenden Menschen hervor. Durch Aktivitäten des Gehirns werden immer größere Komplexitäten des Bewußtseins ausgelöst. Der Geist drückt sich in dem Prozeß der Neuorganisation des Bewußtseins in steigendem Maße aus. Die Aktivitäten wirken sich auf das Zentralnervensystem und die Körperzellen regenerierend aus, und neue Kräfte werden geweckt. Die geistigen Tätigkeiten beeinflussen die körperliche Verfassung sehr positiv. Bejahen Sie im unerschütterlichen Vertrauen zur Kraft des Geistes, daß Sie jederzeit „von neuem geboren werden" können, dann wird der Körper auch vom Geist durchdrungen und verjüngt.

Es lassen sich dafür viele Beispiele anführen. Als Vorbild kann der große italienische Maler Tizian (1477 – 1576) dienen. Seine schöpferische Leistungskraft nahm mit den Jahren immer mehr zu. Erst die Pest nahm ihm den Pinsel aus der Hand, als er fast 100 Jahre jung war.

Es gab viele Menschen, die erst im hohen Alter ihre größte Leistungskraft entfalteten. Der 1856 in Dublin geborene große englische Schriftsteller, Lebensphilosoph und Nobelpreisträger George Bernard Shaw, der 1950 verstarb, schreibt in seinen Lebenserinnerungen über sein Verhältnis zum Alter: „Aber dann, nach dem sechzigsten Lebensjahr, kommt die Renaissance; man tritt in eine überraschende neue Lebensperiode ein. Man scheint seine zweite Kindheit zu erlangen. Man fühlt sich wohl, macht sich keine Sorgen mehr und hat ein höchst erfreuliches Gefühl der Freiheit ..."

Wenn Sie jahrzehntelang aufgrund einer umfassenden Lebenszielsetzung geistig und körperlich tätig sind, erfahren Sie im Alter die Krönung Ihres Schaffens. Aber auch jede Liebhaberei, der Sie sich in fortgeschrittenen Jahren widmen, führt zu einer Vertiefung und Verlängerung Ihres Lebens.

Zeit ist ein relativer Begriff. Wir unterscheiden zwischen der objektiven, physikalischen Zeit und dem subjektiven, physiologischen Zeitablauf. Während die physikalische Zeit gleichmäßig abläuft, wechselt die innere je nach Einstellung des Menschen. Wenn Sie die Kürze des Daseins beklagen, wird Ihre Zeitabhängigkeit größer. So sagt Georg Christoph Lichtenberg mit Recht: „Nichts macht schneller alt als der immer vorschwebende Gedanke, daß man älter wird."

Beachten Sie dagegen die Zeitlosigkeit Ihres Geistes beziehungsweise Ihres inneren Wesens, wird subjektiv die Zeit langsamer vergehen. Wenn Sie die Zeit durch eine Zielsetzung intensiv nutzen, dehnt sich der Zeitablauf für Sie, so daß Sie mehr aus der vorhandenen Zeit machen können. Es ist wichtig, die Jahre mit wachsendem Leben anzureichern und nicht einfach dem Leben nur die Jahre hinzuzufügen. Da die erhöhte geistige Tätigkeit zu einer größeren Aktivierung des Gehirns führt und damit mehr Lebenskraft freisetzt, führt ein intensiveres Leben auch zu einer objektiven Verlängerung Ihres Daseins.

Das bedeutet: Nicht mehr rückwärtsblicken, sondern vorwärts. Erwarten Sie noch viel Schönes vom Leben. Machen Sie sich ein positives Bild von Ihrem Leben und Ihrem jetzigen Lebensabschnitt, denn je positiver dieses Bild ist, desto mehr wird es sich in Ihrem Körper und Ihrem Leben ausdrücken. Setzen Sie sich neue Ziele und Ideale.

Jeder Mensch träumt seinen eigenen Traum, wenn er sich mit dem Gedanken der früher oder später eintretenden Pensionierung beschäftigt. Wichtig ist nur, den Traum auf eine reale Grundlage zu stellen. Wenn Sie sich folgende Fragen beantworten, kommen Sie dem Ziel näher:

- Wo will ich leben?
- Welche finanziellen Möglichkeiten habe ich? Sie können sich an vielem erfreuen, das kein Geld kostet. Notwendig ist aber, seinen Lebensstil den finanziellen Möglichkeiten anzupassen.
- Was werde ich tun? Sie können den Ruhestand als Chance ansehen, das zu tun, was Ihnen bisher aus Zeitgründen untersagt blieb.
- Was ist der Sinn meines Lebens? Wer in seinem Leben keinen Sinn erkennen kann, der lebt nicht mehr. Ganz entscheidend ist, sich auf universelle, ewige Wahrheiten einzustellen und der eigenen Spiritualität zum Durchbruch zu verhelfen. So vermag sich der Geist in immer höheren Komplexitäten Ihres Bewußtseins auszudrücken. Wenn Sie sich des unendlichen Geistes bewußt werden, erheben Sie sich über alle Ängste und sind in Ihrer wahren Heimat geborgen.

Marie von Ebner-Eschenbach sagte: „Man bleibt jung, solange man noch lernen, neue Gewohnheiten annehmen und Widerspruch ertragen kann."

Wenn Sie bereit sind zu lernen, neue Ziele anstreben und sich für Ideale begeistern, dann leben Sie gleichsam in der ewigen Morgenröte. Nehmen Sie den unumgänglichen Wandel des Lebens an.

Hermann Hesse sagt dazu:

„Wir sollen heiter Raum um Raum durchschreiten,
An keinem wie an einer Heimat hängen.
Der Weltgeist will nicht fesseln uns und engen,
Er will uns Stuf' um Stufe heben, weiten.
Kaum sind wir heimisch einem Lebenskreise
Und traulich eingewohnt, so droht Erschlaffen;
Nur, wer bereit zum Aufbruch ist und Reise,
Mag lähmender Gewöhnung sich entraffen.
Es wird vielleicht auch noch die Todesstunde
Uns neuen Räumen jung entgegensenden.
Des Lebens Ruf an uns wird niemals enden ...
Wohlan denn, Herz, nimm Abschied und gesunde."*

Halten Sie sich an folgende Ratschläge, dann bleiben Sie bis ins hohe Alter rüstig und schöpferisch:

- Setzen Sie sich Ziele und Aufgaben, die Sie begeistern.
- Bleiben Sie aktiv bis ans Lebensende.
- Blicken Sie vorwärts und nicht rückwärts.
- Entwickeln Sie Vertrauen und Hoffnung.
- Ernähren Sie sich gesund. Bewegen Sie sich viel.
- Seien Sie innerlich aufgeschlossen für neue Gedanken.
- Akzeptieren Sie die Geschicke des Lebens mit Gelassenheit und Ruhe.
- Vermeiden Sie Ärger und Sorgen.

---

* aus: Das Glasperlenspiel. © Suhrkamp Verlag. Frankfurt am Main 1963

– Erziehen Sie sich dazu, die Freuden des Lebens zu erkennen. Lieben Sie die Natur.
– Seien Sie sich bewußt, daß Sie eins sind mit dem Ewigen.

Wenn Sie falsche Vorstellungen vom Altwerden hegen, werden Sie die Ängste nicht los. Bejahen Sie die Kraft des Geistes, der Sie zu höheren Stufen Ihres Bewußtseins führt. Dann wird auch Ihr Körper vom Geist ausgehend verjüngt.

Achten Sie darauf, daß Sie nicht mit negativen Gedanken des Ärgers, der Sorgen und des Pessimismus einschlafen. Begeben Sie sich mit Vorstellungen des Jungseins in das Reich der Träume, und bejahen Sie Ihre Ideale und Ziele. Seien Sie dankbar für all das Gute, das Sie empfangen haben. Die Gedanken, die ins Unterbewußtsein gelangen, verstärken die Empfindungen im Schlaf. Bauen Sie am Morgen ein Gefühl des Jungseins und der schöpferischen Kraft auf.

Dankbarkeit wirkt sich auf Ängste ebenso vertreibend aus wie der Humor. Der Gedanke, daß wir bereits tot sein könnten, sollte uns stets dankbar stimmen und uns bewußtmachen, daß unser Leben ein unverdientes Geschenk ist. Die Möglichkeit, daß alles schlimmer sein könnte, ist eine Erkenntnis, die uns zu noch mehr Dankbarkeit verhilft. Sie ermöglicht Ihnen, sich von Ängsten zu befreien und psychosomatische Leiden zu vermeiden. Mit Dankbarkeit verhindern Sie Übereifer und Gier und öffnen sich den Schönheiten des Daseins.

Tragen Sie das Bild von dem empfundenen innerlichen Jungsein in Ihrem Herzen. Die in Ihnen vorherrschenden Vorstellungen bewirken, daß Sie das werden, was Sie denken. Sie sind so alt wie das Ausmaß Ihrer Angst vor dem Leben oder wie Ihre Zweifel an Ihrer Zukunft. Die gläubige Hinwendung zum unvergänglichen Sein und zum Strom der Ewigkeit regeneriert auch Ihren Körper. Irgendwann altern und vergehen Körper und Ich-Bewußtsein, aber nicht der Geist. Tiefe Selbsterkenntnis wird Sie zu dieser Wahrheit führen. Sie aktivieren den Geist und die Ewigkeit in sich. Ängste vermögen Sie nicht zu ergreifen.

Erst wenn der Mensch älter und reifer wird, erkennt er die innere Wirklichkeit und wendet sich dem Selbst zu. Die innere Wirklichkeit übt eine befreiende Wirkung hinsichtlich dem Altsein und dem schöpferischen Schaffen aus. „An dem inneren Sein, nicht an dem veränderlichen Außen muß man hängen", sagt Wilhelm von Humboldt. Die Erfahrung und Beobachtung haben es immer wieder gezeigt, daß das Streben des Menschen nach dem Göttlichen und Ewigen auf den Organismus des Körpers sehr positiv wirkt. Doch nicht nur das. Die fortschreitende Abwendung vom Unwesentlichen und Hinwendung zum Wesentlichen und Ewigen beschert Ihnen große Gelassenheit.

Eine der größten Weisheiten vermittelt das Korinther-Wort, II, 4, 16: „Ob unser äußerlicher Mensch vergeht, so wird doch der innerliche von Tag zu Tag erneuert." Je mehr sich der innere Mensch im Vordergrund befindet, einen desto größeren Anteil hat er am Strom eines umfassenderen Lebens. Er empfindet Geborgenheit.

Viele Menschen, die zwar alt, aber nicht reif sind, klammern sich voller Angst und Gier an Vergangenes und möchten es festhalten. So verschließen sie sich vor dem Neuen, das in ihnen aufbrechen will. Je weniger Sie sich am Alten festklammern, desto mehr können Sie die Gegenwart erfahren und an ihr teilhaben. Denn im Aufgehen in der Gegenwart erleben Sie die Zeitlosigkeit der Ewigkeit.

Je mehr Sie sich der geistigen Welt nähern, desto leichter vermögen Sie die Worte des großen chinesischen Weisen Laotse nachzuvollziehen, der lehrte: „Alles auf der Welt wächst, blüht und kehrt zu seiner Grundlage zurück. Rückkehr zu dieser Grundlage bedeutet Ruhe und Harmonie mit der Natur. Harmonie mit der Natur bedeutet Bewußtwerden des Ewigen. Bewußtwerden des Ewigen bedeutet das Ende der Furcht vor dem Vergehen und Gewißsein des Lebens ohne Ende."

Leben Sie im Alter nicht in der Vergangenheit, sondern in der Gegenwart. Blicken Sie in die Zukunft. Wenn Sie im Augenblick aufgehen, nähern Sie sich der Ewigkeit. Machen Sie sich Ihre Verbundenheit mit der Natur und dem All bewußt. Dann erfahren Sie die Geborgenheit im Ewigen. Denn hinter allem Wechsel und Wandel steht das Ewige.

Angst vor der Zukunft und Weltangst

Wenn Ihnen Glauben, Hoffnung, Vertrauen und Mut fehlen, werden Sie sich Sorgen um die Zukunft machen. Sie werden in immer größere Panik geraten, denn die Unordnung in Ihrem Bewußtsein wächst.

Hier nun ein Programm, das Ihnen die Angst vor der Zukunft nimmt und Ihnen zu einem glücklicheren Leben verhilft:

1. Bauen Sie Hoffnung und Vertrauen auf. Entscheiden Sie sich dafür, an die Zukunft zu glauben. Nutzen Sie die dissipativen Strukturen Ihres Bewußtseins.
2. Glauben Sie an sich und Ihre Fähigkeiten. Trennen Sie sich von dem Ich-kann-nicht-Gefühl. Sagen Sie sich: „Ich kann, wenn ich will." Schreiben Sie Ihre Stärken auf.
3. Entwickeln Sie mit Hilfe von Selbstbejahung Hartnäckigkeit, und halten Sie bis zum Ziel durch.
4. Streben Sie nach Heiterkeit. Nehmen Sie die Freude in Ihr Leben auf.
5. Verzweifeln Sie nicht bei einem Mißerfolg. Viele Erfolge haben sich erst aus den Mißerfolgen entwickelt.
6. Stellen Sie sich den Herausforderungen des Lebens. Sehen Sie sie als Möglichkeiten an, um Neues zu lernen.
7. Beschleichen Sie Angstgedanken, dann denken Sie an den 23. Psalm, Vers 4: „Und muß ich auch wandern im finsteren Tale, ich fürchte kein Unheil, denn Du bist bei mir."
8. Haß und innerer Groll bedeuten das ärgste Gift für den Körper. Lenken Sie Ihre Energien auf etwas Positives. Bauen Sie eine wohlwollende Einstellung zu den Mitmenschen auf.
9. Ihre Gefühle und Ihr Geist haben einen großen Einfluß auf Ihren Organismus. Befürchten Sie Krankheiten zu bekom-

men, dann schwächen die negativen Gedanken Ihren Körper derartig, daß Sie tatsächlich anfällig für diese werden.

10. Schreiben Sie Ihre Ziele auf. Entwerfen Sie sich einen Plan. Setzen Sie Ihren Plan durch Handeln in die Tat um.
11. Entwickeln Sie optimistische Gedanken. Pessimismus schadet Ihren Zielen und Ihrem Körper. Stoppen Sie negative Gedanken, und ersetzen Sie diese durch positive.
12. Suchen Sie die Stille. Meditieren Sie. Lassen Sie sich von der höheren Wirklichkeit, dem Allgeist beziehungsweise Gott durchdringen. Hören Sie auf Ihre innere Stimme.
13. Glauben Sie an Ihre Zukunft. Tun Sie das auch dann, selbst wenn es vielleicht einmal schwerfällt. Ihr Glaube ist eine dissipative Struktur Ihres Bewußtseins, die Sie zum Ziel führt.

Heutzutage steigt zu Recht die Sorge vor sozialen Spannungen, und die Angst vor Umweltzerstörung wächst. Es entspräche nicht der Wirklichkeit, diese Ängste zu bagatellisieren oder ganz unter den Teppich zu kehren.

Beschäftigen wir uns zunächst mit den sozialen Spannungen. Mitgefühl wurde schon vom Buddhismus als göttliches Bewußtsein bezeichnet. Leider ist Mitgefühl in der heutigen Ellbogengesellschaft wenig zu finden. Seien Sie offen für die Not anderer. Helfen Sie ihnen auf irgendeine Art tatkräftig. Setzen Sie sich für die Rechte unterdrückter Minderheiten oder unterdrückter Völker ein. Die Tibeter waren beispielsweise ein Volk, das von den Chinesen sehr viel Leid erdulden mußte und der Gefahr der Vernichtung ausgesetzt war.

Die Gefahr der Umweltzerstörung und der Ausrottung von bedrohten Tierarten nimmt ständig zu. Wenn die Natur völlig zerstört und seltene Pflanzen und Tiere zum Opfer des Ich-Wahns des Menschen geworden sind, ist der Schaden nicht rückgängig zu machen. Dann verliert der Mensch jede Geborgenheit in der Natur und seine Angst wird wachsen. Engagieren Sie sich daher für den Umweltschutz und die bedrohte Pflanzenwelt. Helfen Sie Organisationen, die weltweit für die Erhaltung der Natur kämpfen, und bieten Sie Ihre Mitgliedschaft an. Nehmen Sie aktiv daran teil, daß das bedrohte Leben auf der Erde geschützt wird. Zeigen Sie Mut, den ausbeutenden Egoismus von Unternehmen anzuprangern, die die Natur, wie zum Beispiel den tropischen Regenwald, zerstören. Belassen Sie es aber nicht bei Protesten. Nehmen Sie Ihre Angst vor der Umweltzerstörung ernst und verdrängen Sie diese nicht. Tragen Sie dazu bei, die Gefahren abzuwehren.

Kapitel 4

Wie Sie Ängste überwinden

Erkennen Sie Ihre eigene Angst

In den vergangenen Kapiteln haben Sie bereits vieles über die Angst erfahren. Hier wollen wir uns nun mit Ihrer ganz persönlichen Empfindung der Angst beschäftigen. Sie wissen, daß es unterschiedliche Arten von Ängsten gibt: Die Angst vor einer Situation, vor der Zukunft, vor dem Sterben, um nur einige zu wiederholen. Die meisten Menschen empfinden es als Schwäche, Angst zu haben. Deshalb wollen sie die Angst nicht zugeben. Und die Leute, die den Ton angeben wollen, versuchen nur zu oft, mit lauten Reden ihre eigene Angst zu übertönen, ähnlich wie ein kleiner Junge, der in den Keller geht und pfeift.

Es ist durchaus kein Zeichen von Schwäche, verschiedene Ängste zu haben. Entscheidend ist, sich nicht selbst zu betrügen und mit der Angst richtig umzugehen. Das setzt aber voraus, ehrlich gegenüber sich selbst zu sein und sich die eigene Angst einzugestehen. Das Eingeständnis fällt nicht leicht, aber dieser Schritt ist sehr wichtig, um die eigene Angst zu erfühlen. Verdrängen Sie die Angst nicht, und akzeptieren Sie sie als einen ganz normalen Prozeß. Wenn Sie diesen Rat befolgen, werden Sie bereits eine gewisse Verbesserung Ihres Befindens und Erleichterung feststellen, weil Ihre Seele Ihnen durch die Unordnung des Bewußtseins sagen will, daß etwas nicht in Ordnung ist. Nicht die Vernunft, also die Ratio, vermittelt die Realitäten des Lebens. Das geschieht nur über das Bewußtsein. Der Verstand ordnet die mit dem Bewußtsein wahrgenommenen Realitäten und bringt sie in einen logischen Zusammenhang.

Nehmen Sie auch Ihre Gefühle wahr. Erst dann bekommen Sie ein Gespür für Ihr Leben. Um das wahrzunehmen, was Ihnen Ihr Inneres sagen will, müssen Sie sich Zeit lassen. Der nächste Schritt besteht darin, die Ursache der Angst herauszufinden. Begehen Sie nicht den Fehler, Ihre Empfindungen mit Aktivitäten zu verdrängen.

Wenn es Ihnen schwerfällt, still zu sitzen und in sich hineinzuhorchen, dann machen Sie einen Spaziergang in der Natur. Tun Sie dies allein, da Gespräche die Ratio aktivieren und das Gefühl nicht „zu Worte" kommen lassen.

Nehmen Sie die Angst wahr. Seien Sie sich bewußt: Es gibt etwas, das Ihnen Angst macht. Selbst wenn Ihnen Ihr Verstand weismachen will, daß alles in Ordnung ist, stellen Sie sich der Angst. Nicht sie soll verdrängt, sondern die Realität erkannt werden.

Da das Bewußtsein die Realität erkennt und nicht der Verstand, sagt Ihnen die Angst: Etwas ist nicht so, wie Sie es wünschen. Gehen Sie also der Angst auf den Grund. Vielleicht stellen Sie fest, daß in Ihrem Beruf und der Partnerschaft alles „in Ordnung" ist, dennoch spüren Sie ein Gefühl der Leere und Langeweile in sich. Die Beziehung zum Partner ist nur noch Routine, und die Arbeit befriedigt Sie nicht. Sie haben Angst, das Leben gehe an Ihnen vorbei. Oder ein Verwandter von Ihnen liegt im Sterben und Sie empfinden Angst vor Ihrer eigenen Vergänglichkeit. Sie erkennen, daß die Ordnungen im Leben wie in Beruf und Partnerschaft Ihnen nicht die Sicherheiten geben, die Sie zu finden hoffen. Lassen Sie das Gefühl der Angst zu, dann kommen Sie zu der Einsicht, daß die bisherige Ordnung unnatürlich ist und Unordnung verkörpert.

Was Sie hier lesen, hört sich ganz einfach an. Es ist aber nicht leicht durchzuführen, denn Sie müssen zunächst die auftauchenden Angstgefühle aushalten, um schließlich der Angst nachzugehen.

Wenn ich in meinen Vorträgen auf die Notwendigkeit hinweise, mit sich allein zu sein, sagen viele Menschen: Dafür habe ich keine Zeit. Das ist jedoch eine Ausrede, denn jeder kann sich die Zeit dafür nehmen. Nicht wenige Personen entwickeln Angst, wenn sie mit sich allein sind. Das Gefühl vergeht aber bald und wird von anderen Gefühlen abgelöst.

Indem Sie auf Ihre eigenen Gefühle achten, werden zusätzlich zu diesen Gedanken auftauchen und umgekehrt. Und manche Gefühle führen dazu, daß Gedanken assoziiert werden. Wenn

Sie achtsam auf Ihr Inneres lauschen, dann vermögen Sie Gedanken von Gefühlen zu unterscheiden. Sie werden bald feststellen: Das Lauschen auf das Innere wirkt entspannend und führt zu einem Kraftzuwachs. Richten Sie Ihre Aufmerksamkeit auf sich, dann lösen Sie Ihre Bewußtseinsenergien von anderen Objekten. So werden Ihre Energien freigesetzt und beginnen zu fließen. Das Fühlen dieser Lebensenergie vermittelt Ihnen Geborgenheit.

Allein das Wahrnehmen der Angst, der Unordnung im Bewußtsein, führt zu mehr Ordnung, und deshalb bewirkt schon die bewußte Wahrnehmung der Angst eine gewisse Erleichterung.

Nehmen Sie die Angst in Ihnen wahr. Gehen Sie ihr auf den Grund. Sie erkennen die Wirklichkeit. Die Angstreaktion Ihrer Seele ist nicht Ihr Feind, sondern Ihr Helfer.

Entspannung harmonisiert Ihr Energiesystem

So manche Aktivitäten, die allgemein für entspannend gehalten werden, wie beispielsweise das Fernsehen, bewirken tatsächlich keine Entspannung und keine Verringerung von Streß und Sorgen. Wirkliche Entspannung bezeichnet einen psychologischen Prozeß.

Angstgefühle sind immer mit einer inneren und einer Muskelverspannung verknüpft. Ist die Angst abgeflaut, dann fühlen Sie sich psychisch und körperlich wieder entspannt. Umgekehrt führt Entspannung zu einem Angstabbau.

Mit Hilfe unserer neuen Sichtweise der Angst können wir diese Tatsache wie folgt formulieren: Das achtsame Beobachten der Anspannung in den einzelnen Muskeln führt zu einem Ordnungszustand im Bewußtsein, der die Angst abbaut und auch die Spannung in den Muskeln allmählich verringert.

Da es für einen Anfänger schwer ist, die Anspannungszustände in den Muskeln wahrzunehmen, wird bei dem von mir empfohlenen Entspannungstraining in folgenden Schritten vorgegangen:

1. Es wird eine minimale Spannung aufgebaut und wahrgenommen.
2. Anschließend erfolgt die Entspannung.
3. Der Zustand im entspannten Muskel wird erspürt.

Auf Einzelheiten der Technik der Entspannung des Körpers verweise ich den interessierten Leser auf mein Buch „Wie Sie die universellen Kräfte Ihrer Psyche nutzen“.

Entspannungsübungen harmonisieren Ihr Energiesystem. Der sich entwickelnde Ordnungszustand baut Ängste ab. Im entspannten Zustand sind Sie auch innerlich geöffneter.

Graduelle Angstkonfrontation in der Realität

Wenn ein konditionierter Angstreiz häufiger erfahren wird, ohne daß die Angst auftritt, hat dies zur Folge, daß die Konditionierung (Angstprägung) wieder gelöscht wird. Wollen Sie eine Phobie oder die Angst vor einer Situation verlieren, so müssen Sie den angstauslösenden Umstand wohldosiert aufsuchen. Teilen Sie dazu die gesamte Angstsituation in Einzelsituationen auf, in denen Sie unterschiedlich große Ängste erleben. In jeder dieser Einzelsituationen ist so lange auszuharren, bis Sie diese ohne Angst ertragen können. Begonnen wird hierbei natürlich mit dem schwächsten Angstreiz.

Um sich mit der Angst auseinanderzusetzen, ist es notwendig, zu erkennen, wie sich die Angst bei Ihnen äußert. Einige Organe zeigen unter Angsteinfluß heftige Reaktionen. Das können zum Beispiel sein:

– weiche Knie,
– Herzklopfen,

– Ziehen in der Magengegend,
– Schweiß auf der Stirn,
– Kloß im Hals.

Achten Sie bei dem Programm der graduellen Angstkonfrontation darauf, ob sich Ihre individuelle Angst-Körperreaktion einstellt. Erst wenn diese Angst-Körperreaktion in der entsprechenden Situationsstufe nicht mehr auftritt, können Sie zur nächsten übergehen.

Mut bedeutet nicht, keine Angst zu haben, sondern sie als Warnsignal zu spüren, die Berechtigung der Warnung zu prüfen, also die Realität zu testen und eine angemessene Handlung durchzuführen.

Hier ein Beispiel für die graduelle Konfrontation mit der Angst. Nehmen wir an, es handelt sich um eine Höhenphobie. Gehen Sie nach folgendem Stufenplan vor:

1. Steigen Sie zu Fuß in den ersten Stock.
2. Nähern Sie sich einem Fenster, und haften Sie Ihren Blick auf den Fensterrahmen.
3. Schauen Sie bei geschlossenem Fenster mehrere Minuten aus diesem hinaus. Blicken Sie auch schräg hinunter.
4. Betrachten Sie bei geschlossenem Fenster auch das, was sich senkrecht unter Ihnen befindet.
5. Öffnen Sie nun das Fenster, richten Sie Ihren Blick zunächst aus dem Fenster.
6. Schauen Sie bei geöffnetem Fenster schräg nach unten.
7. Blicken Sie bei geöffnetem Fenster senkrecht nach unten.

Sie beginnen Ihr Trainingsprogramm mit der Stufe 1 des dargelegten Plans. Achten Sie darauf, ob sich Ihre eigene Angst-Körperreaktion einstellt. Wiederholen Sie die Stufe 1 so lange, bis Ihr Unbehagen verschwunden ist. Erst wenn Sie die betreffende Stufe sechsmal ohne Angst-Körperreaktion durchgestanden haben, gehen Sie zur nächsten Stufe über.

Die Angstabstufungen in dem genannten Beispiel beschreiben eine mögliche Vorgehensweise. Verändern Sie die Skala und wählen Sie zusätzliche Stufen aus, wenn das Schema nicht mit Ihrer Empfindung übereinstimmt. Brechen Sie die Übung nie unter Vorhandensein eines Angstgefühls ab. Wählen Sie eine Situation, die Sie angstfrei erleben können.

Die graduelle Angstkonfrontation können Sie zur Überwindung vieler Ängste einsetzen. Und es ist gewiß nicht schwer, dafür einen Stufenplan zu entwickeln.

Die Angst, in der Öffentlichkeit eine Rede zu halten, ist weit verbreitet. Ihr Stufenplan könnte folgendermaßen aussehen:

1. Sie melden sich bei Diskussionen und bemerken hierbei wenigstens zwei bis drei Sätze.
2. Sie halten eine Fünf-Minuten-Rede vor Menschen, die Ihnen nahestehen.
3. Sie äußern sich in einer Fünf-Minuten-Rede vor fremden Menschen, die Sie nicht näher kennen, die Ihnen aber sehr gewogen sind. Eine solche Situation ist zum Beispiel dann gegeben, wenn Sie an einem Seminar über Rhetorik oder Kommunikation teilnehmen und dort vor der Gruppe ein Thema erörtern müssen, das Sie sich selbst ausgesucht haben.
4. Sie halten eine Fünf-Minuten-Rede vor fremden Menschen.
5. Sie sprechen über ein Thema etwa 15 Minuten vor fremden Menschen.

Natürlich sind auch andere Abstufungen möglich.

Die graduelle Angstkonfrontation besteht darin, auf die Angst zuzugehen. Dabei organisieren Sie Ihre Angstauslöser in der Art und Weise, daß Sie mit den Angsterlebnissen nicht überfordert werden, und schaffen somit Raum für das bewußte Erleben einer Situation. Die inneren und äußeren Vorgänge der Situation können bewußt erlebt werden, und Sie können leichter überprüfen, ob das Alarmsignal, das durch die Angst gezeigt wird, realistischen Bezug hat oder nicht. Erst dann haben Sie eine große Chance, sich wirklichkeitsbezogen zu verhalten.

Bei diesem Vorgehen spielt sich folgendes ab: Sie spüren das unangenehme Gefühl der Angst und möchten am liebsten davonlaufen. Sie nehmen das Gefühl der Angst in Ihrem Körper wahr. Sie entscheiden sich, den Zustand auszuhalten. Hierin liegt bereits ein großer Fortschritt, denn das alte Verhalten bestand ja darin, bei dem ersten Signal einer Bedrohung wegzurennen, ohne das Gefühl der Angst abzuwarten. Anstelle des früheren Vermeidungsverhaltens wird eine Verzögerung geschaffen, die es ermöglicht, die Berechtigung der Angst zu prüfen. Selbst wenn Sie die betreffende Stufe nicht ohne Angst durchstehen und vielleicht abbrechen, bewerten Sie die Situation doch schon etwas anders und vermögen die Angst beim nächsten Versuch etwas länger auszuhalten.

Konfrontation mit der Angst in der Vorstellung

Nicht jede Angst ist mit Hilfe einer Realitätsüberprüfung zu testen. Oft ist sie in der Realität nicht in Einzelsituationen dosierbar. In solchen Fällen stellt die Auseinandersetzung mit der Angst in der Vorstellung die einzige Möglichkeit dar. Auch hier wird sich an das Prinzip des vorhergehenden Unterkapitels gehalten: Die Angstsituation wird in kleine Teile zerlegt, um durch die graduelle Konfrontation die Angst zu besiegen.

Suchen Sie sich eine Situation aus, von der Sie wissen, daß sie ein Angstgefühl bewirkt, und unterteilen Sie sie in mehrere Schwierigkeitsgrade hinsichtlich der sich einstellenden Angst. Schreiben Sie auf, wovor Sie sich in Zusammenhang mit dieser Situation fürchten. Denken Sie an sämtliche Teilaspekte, die die Angst bewirken. Ordnen Sie die Angstreize danach, welche Angst sie auslösen. Die sich ergebende Reihenfolge wird individuell verschieden sein. Gehen Sie in ein Zimmer, in dem Sie nicht gestört werden. Entspannen Sie sich. Stellen Sie sich den Angstreiz vor, der bei der ausgewählten Angstsituation die geringste Angst verursacht, und konzentrieren Sie sich etwa eine halbe Minute auf diese Vorstellung. Blenden Sie das Vorstellungsbild wieder aus, wenn nach 30 Sekunden die Angstemotion noch nicht abklingt. Wiederholen Sie nach einer Pause von etwa je vier Minuten die Übung so oft, bis Sie sich an den Angstreiz gewöhnt haben und völlige Angstfreiheit und Ruhe empfinden. Rufen Sie die Vorstellung nochmals dreimal hervor. Haben Sie die erste Stufe der Angstbewältigung gemeistert, dann gehen Sie zur zweiten über. Erfolgt jedoch keine Angstbewältigung, so haben Sie einen zu großen Schritt angesetzt. Sie müssen die Angstsituation in noch kleinere Teile zerlegen und diese nach dem Stärkegrad der Angst ordnen.

Wichtig ist, eine Übung immer so abzuschließen, daß Sie bei dem zuletzt gewählten Vorstellungsbild keine Angst empfinden.

Nehmen wir zur Veranschaulichung das Beispiel der Prüfungsangst. Sie teilen die Prüfungssituation in fünf verschiedene Stufen auf:

1. Sie sitzen einen Tag vor der Prüfung zu Hause und lernen. Zwischendurch versuchen Sie sich durch Kaffeetrinken und Fernsehen abzulenken.
2. Sie betreten das Gebäude, in dem die Prüfung stattfindet.
3. Sie warten auf dem Gang vor dem Prüfungszimmer.
4. Sie werden hereingerufen und gehen auf den Prüfer zu.
5. Sie setzen sich und der Prüfer stellt Ihnen eine Frage.

Beginnen Sie nun mit der Übung. Entspannen Sie sich. Bauen Sie nun das Vorstellungsbild der Stufe 1 auf. Seien Sie achtsam auf das Gefühl. Hüten Sie sich davor, das Gefühl vorschnell zu bezeichnen. Konzentrieren Sie sich auf die Situation, die Sie sich innerlich vorstellen. Nehmen Sie wahr, was passiert. Entscheidend ist, daß Sie die Vorgänge erspüren, wenn sich Angst einstellt. Ist die Angst nach einer halben Minute nicht abgeklungen, dann verfahren Sie wie erwähnt und blenden die Vorstellung aus. Entspannen Sie sich, und wiederholen Sie die Vorstellung nach etwa vier Minuten. Führen Sie die Übung mehrmals durch, bis der Angstreiz ausbleibt. Haben Sie das geschafft, begeben Sie sich zur Stufe 2 usw. Wenn es Ihnen nicht gelingt, den Angstreiz zu ertragen, müssen Sie die Situation in noch kleinere Angstportionen zerlegen. Beenden Sie die Übung stets mit einem solchen Vorstellungsbild, das Sie in entspanntem Zustand angstfrei erleben.

Besiegen Sie Ihre soziale Angst durch Selbstbehauptung

Die Angst in sozialen Situationen kann nur durch die Selbstbehauptung besiegt werden. Die Selbstbehauptung beinhaltet ein selbstsicheres Auftreten und Gefühlsäußerungen, die sich mit Unsicherheit und Schüchternheit nicht vertragen. Die Erfolge, die sich dabei einstellen, verstärken das selbstsichere Verhalten und führen zu einer Festigung. Zwei Dinge sind für eine Selbstbehauptung wichtig:

1. Äußern Sie Wünsche und stellen Sie Forderungen an die Umwelt.
2. Lernen Sie, sich zu wehren.

Beide Verhaltensweisen lösen bei vielen Menschen Angst aus, da sie vom Gegenüber Mißbilligung und Ablehnung erwarten. Die Folge sind Hemmungen, Unordnungen im Bewußtsein, die richtige Verhaltensweisen verhindern. Die Hemmungen werden mit der Zeit nur noch verstärkt, da es an Erfahrungen aufgrund eines selbstsicheren Verhaltens mangelt.

Hier einige Beispiele, wie Sie Wünsche und Forderungen an die Umwelt stellen:

– Bitten Sie Ihren Partner um etwas.
– Sprechen Sie fremde Menschen auf der Straße an, und fragen Sie sie beispielsweise, wo Sie eine bestimmte Straße finden können.

– Bitten Sie einen Bekannten, etwas für Sie zu erledigen.
– Gehen Sie in ein Geschäft. Lassen Sie sich Artikel zeigen. Bedanken Sie sich für das Ihnen entgegengebrachte Bemühen, und verlassen Sie das Geschäft wieder.
– Bitten Sie eine fremde Person für Sie etwas zu tun.
– Lernen Sie nein zu sagen.
– Sprechen Sie Ihren Chef auf eine Gehaltserhöhung an.

Und nun einige Beispiele, wie Sie sich richtig wehren:

– Will Sie jemand in einer Warteschlange beiseite schieben, bemerken Sie: ,,Drängeln Sie bitte nicht.“
– Bedient Sie ein Verkäufer nicht aufmerksam, äußern Sie: ,,Geben Sie sich bitte mehr Mühe.“
– Akzeptieren Sie im Restaurant kein Essen, das Ihren berechtigten Erwartungen nicht entspricht. Sagen Sie: ,,Nehmen Sie bitte das Essen zurück. Es hat ...“
– Üben Sie berechtigte Kritik gegenüber einem Bekannten, zum Beispiel: ,,Du hast leider nicht rechtzeitig angerufen. Es ist schön, daß du nun hier bist.“
– Verteidigen Sie Ihren Standpunkt, wenn er angegriffen wird: ,,Obwohl ich mir Mühe gab, deine Ansicht zu verstehen, bin ich der Meinung ...“
– Jemand ruft Sie an und fragt: ,,Störe ich?“ Ist dies der Fall, sagen Sie: ,,Ja, bitte rufen Sie mich später noch einmal an.“
– Eine Person verhält sich sehr aggressiv Ihnen gegenüber. Äußern Sie ruhig und gelassen: ,,Werden Sie nicht persönlich. Wenn Sie sich beruhigt haben, können wir weiterreden.“

Die Selbstbehauptung werden Sie nur dann lernen, wenn Sie schrittweise vorgehen, um schwierigere Situationen zu meistern. Überlegen Sie sich also zu Beginn des Selbstbehauptungstrainings, welche Situationen für Sie erfolgversprechend sind. Üben Sie erst diese, bevor Sie zu schwierigeren übergehen, die größeres Selbstvertrauen und Geschick erfordern. Denken Sie daran: Ändern Sie Ihr Verhalten, das führt zu einer veränderten Einstellung gegenüber sich selbst, gegenüber Mitmenschen und gegenüber bestimmten Situationen.

Folgendes Programm ermöglicht Ihnen eine Verbesserung Ihrer Selbstbehauptung:

1. Beobachten Sie Ihr eigenes Verhalten. In welchen Situationen waren Sie mit sich selbst nicht zufrieden? In welchen Situationen fühlten Sie sich unsicher? Legen Sie sich ein Heft an. Tragen Sie in dieses die Situationen ein, in denen Sie selbstsicher reagierten. Seien Sie sich gegenüber ehrlich.
2. Wählen Sie eine Situation unsicheren Verhaltens aus. Schließen Sie die Augen, und stellen Sie sich vor, wie Sie sich in eben dieser Situation benommen haben. Achten Sie dabei auf Körperhaltung, Augenkontakt, Mimik, Gestik, Stimme, Wortwahl, aber auch auf Einzelheiten Ihres Verhaltens, an das Sie sich erinnern.
3. Durchdenken Sie die Ihnen zur Verfügung stehenden Möglichkeiten, sich selbstsicherer zu verhalten.
4. Schließen Sie die Augen. Stellen Sie sich vor, Sie meistern die Situation und benehmen sich selbstsicher.
5. Spielen Sie Ihr neues Reaktionsmuster einem guten Freund vor, oder üben Sie es laut in Ihrem Zimmer. Sie erkennen hierdurch Schwachstellen Ihres Verhaltens und vermögen diese zu verbessern.
6. Wagen Sie sich nun in die Wirklichkeit. Probieren Sie Ihr neues Reaktionsmuster anhand einer aktuellen Situation aus. Seien Sie mutig. Lassen Sie es auf einen Versuch ankommen. Falls Sie noch nicht dazu bereit sind, sind noch einige Übungen nach Schritt 4 und Schritt 5 nötig.
7. Bemühen Sie sich um weiteres Training. Wiederholen Sie Ihre Versuche in der Praxis. Arbeiten Sie nach dem Programm auch in anderen Situationen.

Durch die Praxis der Selbstbehauptung lösen Sie sich von den Fixierungen, die als Hemmungen und Verklemmtheit bezeichnet werden. Aus den Fixierungen entwickeln sich Flow-Zustände im Bewußtsein, die Sie als Wohlbefinden und Persönlichkeitsentfaltung erleben. Nicht nur Ihre eigenen Erlebnisse, auch die Rückmeldungen durch das Verhalten der Umwelt erhöhen Ihr Wohlbefinden und verstärken Ihr neues Verhalten. Wenn sich Ihr Beziehungsverhalten zur Umwelt derartig ändert, erleben Sie Gefühle der Freude.

Bauen Sie Hoffnung und Vertrauen auf

Die Hoffnung bezeichnet eine Kraft, die das Leben fördert, denn Sie beinhaltet den Glauben an die Möglichkeit der Veränderung zum Positiven. Wenn Sie sie verlieren, überlassen Sie den zerstörerischen Kräften das Feld. Es empfiehlt sich, zwischen der absoluten Hoffnung und der konkreten Hoffnung zu unterscheiden. Wir können die Zukunft als bedrohend erleben oder als Ahnung dessen, daß ein tragender Grund existiert. Diese absolute Hoffnung als die Ahnung des tragenden Grundes verkörpert das Vertrauen zum Leben. Jede konkrete Hoffnung wird aus der absoluten Hoffnung gespeist. Selbst wenn viele konkrete Hoffnungen scheitern, vermögen Sie noch von der absoluten Hoffnung getragen zu werden. Wer dem Leben Vertrauen entgegenbringt, besitzt Hoffnung.

Hoffnung zu entwickeln bedeutet, das eigene Bewußtsein so zu verändern, daß es vom Tod zum Leben überwechselt. Hoffen heißt nicht, die Hände in den Schoß zu legen, untätig zu sein und abzuwarten, bis alles gut wird. Eine solche Hoffnung wäre in Wirklichkeit ein Deckmantel für eine Resignation.

Franz Kafka hat eine solche falsche Hoffnung in der Parabel „Vor dem Gesetz“ beschrieben. Ein Mann gelangt an ein Tor, das in den Himmel (zum Gesetz) führt. Vor dem Tor befindet sich ein Torhüter, den er um Einlaß bittet. Obwohl das Tor offen steht, entgegnet ihm der Torhüter, daß er jetzt nicht eintreten könne. Der Mann verbringt Tage und Jahre mit dem Warten um die Erlaubnis zum Eintritt. Er wiederholt seine Bitte immer wieder, aber stets erhält er als Antwort, er könne noch keinen Einlaß erhalten. Jahre vergehen. Der Mann ist alt und dem Tode nahe. Jetzt wagt er zum ersten Mal, die Frage zu stellen: „Wie kommt es, daß in all den Jahren niemand außer mir Einlaß begehrt hat?“ Der Torhüter entgegnet: „Hier konnte niemand anderes Einlaß erhalten, denn der Eingang war nur für dich bestimmt. Ich schließe ihn jetzt.“

Hätte der Mann eine stärkere Hoffnung gehabt als die abwartende, untätige Hoffnung, dann hätte er das Tor durchschreiten können. Mit dem Mut, den Torhüter nicht zu beachten, hätte er die befreiende Tat ausüben können.

Viele Menschen sind wie Franz Kafkas alter Mann. Sie hoffen, aber sie handeln nicht nach ihrem Herzen.

Hoffen bezeichnet kein untätiges Warten und kein unrealistisches Herbeizwingen von Umständen, die noch nicht eingetroffen sind. Es bedeutet, für etwas bereit zu sein und nicht am Warten zu verzweifeln. Hoffnung zu haben heißt auch nicht, nur das Positive zu sehen und das Negative zu ignorieren. Mit ihr wagen Sie es jedoch, sich auf das Leben einzulassen, selbst wenn es manchmal schmerzhaft ist. Solche Erlebnisse und Erfahrungen veranlassen Ihr Bewußtsein, höhere Komplexitäten in seiner Struktur zu entfalten. Hoffnung und Vertrauen sind die Gegenspieler der Angst. Mit ihrer Hilfe ordnen Sie die Kräfte Ihres Bewußtseins und lösen Ängste auf.

Verspüren Sie Hoffnung, so erkennen Sie die Anzeichen eines neuen Lebens und sind bereit, dem noch Ungeborenen zum Licht zu verhelfen. Hoffen ist ein Zustand des Seins. Es ist die innere Bereitschaft zu einem Tätigsein im Sinne einer inneren Lebendigkeit. Dies hat mit einer Geschäftigkeit nichts zu tun. Wer mit dem Wagen herumfährt oder vor dem Fernseher sitzt, fürchtet sich vor dem Augenblick, in dem er nichts zu tun hat. Ein solcher Mensch ist zwar geschäftig, aber nicht tätig im Sinne einer inneren Lebendigkeit.

Die Hoffnung ist Voraussetzung und psychische Begleiterscheinung von Wachstum und Leben. Hoffen Sie zum Beispiel nicht auch, am nächsten Tag wieder wach zu werden, wenn Sie abends einschlafen? Wenn die Hoffnung aufhört, dann ist das Leben zu Ende. Sie verkörpert ein Element, das dem Leben innewohnt. Wie der Glaube drängt die Hoffnung über den jeweiligen Zustand hinaus. Das Leben besitzt die Eigenschaft, keinen Augenblick gleich zu bleiben, sich stets zu verändern. Leben, das stagniert, stirbt ab. Es existieren zwei Möglichkeiten: Wir entwickeln uns weiter oder wir entwickeln uns zurück. Entweder wir pflegen unsere Trägheit, unsere Gier, unseren Neid oder wir überwinden diese Eigenschaften. Sie haben die Wahl: Sie entscheiden sich gegen die Hoffnung und damit gegen das Leben, oder Sie entscheiden sich für die Hoffnung und damit für das Leben.

Zu hoffen ist eine Sache der Entscheidung. Natürlich fällt eine solche Entscheidung leicht, wenn alles positiv verläuft. Die Hoffnung liegt dann sehr nahe. Ganz anders sieht es dagegen aus, wenn es dunkel um uns ist.

Vielleicht wenden Sie ein: Genau das ist der Grund, weshalb ich meine Hoffnung verloren habe. Nun, die meisten von uns erleben es, daß ihre Hoffnung irgendwann einmal enttäuscht wird. Diese Tatsache soll uns davor bewahren, wirklichkeitsfremd zu werden. Und wie sollte eine Hoffnung je erstarken, wenn sie nicht irgendwann enttäuscht wurde?

Schlimm wird es, wenn Menschen ihre Hoffnung ganz verlieren. Sie werden zu angepaßten Herdentieren, die nach außen hin hoffnungsvoll, aber in ihrem Inneren voller Resignation sind. Die Anzeichen der Hoffnungslosigkeit sind überall zu finden. Achten Sie nur auf den gelangweilten Gesichtsausdruck der meisten Menschen. Oder fragen Sie einmal jemanden danach, worüber er heute abend oder ganz allgemein in seinem Leben Freude empfindet.

Wenn ein Mensch keine Hoffnung besitzt, ist er unfähig, im Leben etwas zu tun oder zu planen.

Die Möglichkeit der Hoffnung ist in jedem Menschen verankert. Der Tiefenpsychologe C.G. Jung erkannte, daß sich seelische Wirklichkeiten nicht in abstrakten Begriffen ausdrücken, sondern in Bildern. Das Unbewußte kann sich nur in Bildern und Symbolen äußern. C.G. Jung wies auf die große Wichtigkeit des Symbols hin: „Das Symbol umfaßt nicht und erklärt nicht, sondern es weist über sich selbst hinaus auf einen noch jenseitigen unerfaßlichen dunkel geahnten Sinn, der in keinen Worten unserer derzeitigen Sprache sich genügend ausdrücken könnte." Die Symbole rufen die Erlebnisfähigkeit ins Spiel, sprechen das Denken und das Fühlen an, das Empfinden und die Intuition und helfen uns, wieder ganz zu werden. Solche Symbole erlebt der Mensch beispielsweise im Traum, deren Entstehung vom Selbst gesteuert wird. Auch das Erleben der Urhoffnung äußert sich im Traum, zum Beispiel in Gestalt eines Kindes, das den Archetyp des göttlichen Kindes darstellt, das den Aspekt des Getragenwerdens von einer höheren Wirklichkeit zum Ausdruck bringt. Es gibt nicht nur die Angst, es gibt auch das Gefühl des Getragenwerdens vom Leben. Die Hoffnung und die Hoffnungslosigkeit verändern die Sicht Ihres Lebens. Wenn die Hoffnungslosigkeit zunimmt, dann gelangen Sie bald an den Punkt, an dem Sie nichts Aufbauendes mehr erkennen können.

Hier ein Programm, mit dessen Hilfe Sie Ihre Hoffnung verstärken:

1. Denken Sie daran, Hoffnung zu haben, ist eine Sache der Entscheidung. Entscheiden Sie sich für die Hoffnung.
2. Glauben Sie an Ihre eigene positive Entwicklung und daran, daß das Leben siegen wird.
3. Ignorieren Sie aufgrund Ihrer Hoffnung keine drohenden Gefahren. Öffnen Sie sich den Ihnen zur Verfügung stehenden Entwicklungsmöglichkeiten.
4. Hoffnung ist für Sie kein abstrakter Gedanke. Entwickeln Sie mit Hilfe von kleinen, vorsichtigen Schritten das Gefühl der Hoffnung.
5. Streben Sie nach mehr Selbsterkenntnis, indem Sie zu verstehen versuchen, was in Ihnen angelegt ist.
6. Entfalten Sie Ihr Leben.
7. Bemühen Sie sich darum, die Gesetze und die Prinzipien des Lebens besser zu verstehen und nach ihnen zu leben.

8. Hoffen Sie, denken Sie kritisch, treffen Sie Entscheidungen, wagen Sie sich vor, handeln Sie und kämpfen Sie spielerisch.
9. Versuchen Sie, mehr Einsicht und Durchblick zu bekommen, um zu unterscheiden, was wichtig ist und was nicht.
10. Glauben Sie an die Liebe zu Ihrem Partner, und versuchen Sie, ihn zu verstehen.
11. Tragen Sie die Hoffnung in sich, innerlich lebendig zu bleiben bis an die Schwelle des Todes.
12. Erweitern Sie Ihre Grenzen und werden Sie großherziger.
13. Nehmen Sie Kontakt mit Ihrer inneren Stimme auf.
14. Hoffen Sie, daß die Zahl der Menschen, die den Frieden verwirklichen wollen, wächst.
15. Befreien Sie sich von den negativen Bildern der Vergangenheit.
16. Erkennen Sie die Ursachen einer eventuellen Traurigkeit, beseitigen Sie diese, und entwickeln Sie Vertrauen zum Leben.
17. Was ist Ihre größte Hoffnung?
18. Setzen Sie sich zum Ziel, daß sich der Geist in Ihnen immer mehr zum Ausdruck bringt.

Sie entscheiden sich für das Hoffen und üben es immer wieder, weil jeder Veränderung die Hoffnung vorangeht. Die Hoffnung besiegt die Angst, da sie einem die Ordnung des Lebens ins Bewußtsein ruft. Mit ihrer Hilfe schaffen Sie das Fundament, das das Leben zu seiner Entfaltung braucht.

Entwickeln Sie Mut, und werden Sie tätig

Die Angst als Unordnung im Bewußtsein kostet Sie auf Dauer viel Energie. Tun Sie das, wovor Sie sich fürchten, dann korrigieren Sie bald Ihre Ansicht bezüglich der Gefährlichkeit der Situation und verlieren die Angst. Sie kommen also nicht daran vorbei, sich der Unannehmlichkeit einer neuen Situation auszusetzen.

Mut benötigen Sie in vielen Situationen. In meinen Seminaren erlebe ich häufig, wie sich nur wenige Menschen zu den Fallbeispielen melden. Mit ermunternden Worten schaffe ich es fast immer, jeden Teilnehmer dazu zu bringen, bei einem Fallbeispiel mitzumachen. Was mir bisher jeder danach sagte: „Es war ja überhaupt nicht so schlimm, wie ich es mir vorgestellt hatte."

Als ich vor etwa 20 Jahren meinen ersten Vortrag vor einem größeren Publikum hielt, sagte mir der Veranstalter einige Wochen vor dem Termin: „Es werden ungefähr 40 Personen erscheinen." Zehn Minuten vor dem Beginn waren aber schon über 200 Personen anwesend. Ein unwohles Gefühl entwickelte sich in mir, da ich noch nie vor so vielen Menschen gesprochen hatte. Mit meinen Gedanken machte ich mir Mut. Nach Beendigung des Vortrages – inzwischen waren etwa 400 Zuhörer anwesend – bekam ich sehr viel Beifall.

Das beklemmende Gefühl in mir verringerte sich von Vortrag zu Vortrag, bis es schließlich nicht mehr existierte.

Überwinden auch Sie die Angst vor einer Situation, indem Sie mutige Gedanken aufbauen. Schließen Sie die Augen. Sprechen Sie Ihren Bejahungstext in Gedanken. Stellen Sie sich das, was Sie denken, bildhaft vor, und lassen Sie sich vom Bild und den Gedanken ganz durchdringen. Mit jedem Gedanken und der bildhaften Vorstellung lösen Sie die Unordnung in Ihrem Bewußtsein auf, denn Sie nehmen eine Zielausrichtung Ihres Bewußtseins vor. Ein solcher Bejahungstext könnte wie folgt lauten: „Ich bin in mir geborgen. Ich bin in meiner Kraft geborgen. Ich bin in der höheren Wirklichkeit (Gott) geborgen. Ich glaube an mich. Meine innere Kraft strahlt nach außen. Ich schaffe, was ich will. Mit meiner inneren Kraft gehe ich mutig auf ... zu. Ich erlebe, wie ich die Situation meistere. (Sie stellen sich vor, wie Sie es tun). Mut erfaßt mich. Ich schaffe es."

Mut ist eine zielgerichtete Kraft, mit der Sie auf eine Herausforderung zugehen.

Bei der Selbstbejahung spielt sich folgender Prozeß ab *(Bild 15)*.

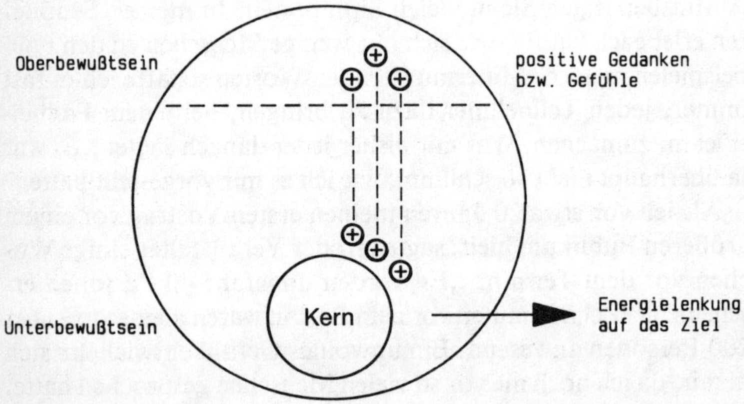

Bild 15: Mutige Gedanken (positive Gedanken und Gefühle) fallen in das Unterbewußtsein und lenken Ihre Gedanken auf das Ziel.

Die mutigen Gedanken und die Vorstellungsbilder fallen in das Unterbewußtsein. Dort werden sie zu Energielenkern, die Ihnen helfen, mit Mut die Angst aufzulösen und das zu tun, wovor Sie sich fürchten.

Mit der Imagination, der bildhaften Vorstellung eines fliegenden Pfeils vermögen Sie Ihre zielgerichtete Kraft zu verstärken. Der Bogen ist ein Symbol für Spann- und Lebenskraft. Der Pfeil ist ein Symbol für Schnelligkeit und Zielrichtung. Der fliegende Pfeil bezeichnet eine Bewegung, die über die Grenzen hinausgeht. Die Wirkung des Symbols als solches besteht unter anderem in der zielgerichteten Kraft, die es zu entwickeln vermag.

Der in das Zentrum fliegende Pfeil verstärkt die Zielorientierung der Kraft. Sie nutzen die Kraft des Symbols, um Mut aufzubauen.

Folgende Übung soll Ihnen dabei helfen: Stellen Sie sich vor, Sie halten einen Pfeil und einen Bogen in Ihren Händen. Spannen Sie den Bogen. Deutlich sehen Sie das Ziel vor Ihren Augen. Die Pfeilspitze zeigt auf das Ziel. Sie lassen den Pfeil los und nehmen wahr, wie der Pfeil geradlinig auf das Ziel zufliegt. Für den Pfeil existiert nur das Ziel, kein Umweg, keine Ablenkung. Er trifft genau in das Zentrum. Dort bleibt er federnd stecken.

Schießen Sie noch einige Male den Pfeil auf das Ziel ab, und geben Sie sich ganz der Erfahrung und dem Erlebnis der zielgerichteten Kraft hin.

Bauen Sie Mut auf. Er gibt Ihnen die Kraft, die eigenen Grenzen und Schwächen zu überwinden. Mit seiner Hilfe besiegen Sie Ihre Angst. Wem es an Mut fehlt, dem mangelt es auch an Hoffnung und Vertrauen. Mutlosigkeit kann Sie überfallen, wenn Sie eine Enttäuschung erlebt haben oder meinen, sich in einer ausweglosen Situation zu befinden und die Hoffnung auf eine bessere Zukunft verloren haben.

Abraham Lincoln verkörpert ein Vorbild für Lebensmut. Zweimal verlor er seine Existenzgrundlage. Zweimal bewarb er sich um einen Sitz im Kongreß und wurde nicht gewählt. Er verlor die Wahl für den amerikanischen Senat. Erfolglos bemühte er sich, Vizepräsident der Vereinigten Staaten zu werden. Seine Frau starb in jungen Jahren. Er erlitt sogar einen Nervenzusammenbruch. Und doch hatte er den Mut, alle Mißerfolge zu überwinden. Schließlich wurde er Präsident der Vereinigten Staaten.

Niemand ist vollkommen. Jeder macht Fehler. Wichtig ist, sie zu erkennen und beim nächsten Mal zu vermeiden. Die Hoffnung hilft, nach neuen Lösungen zu suchen. Alles hängt davon ab, ob Sie fähig sind, Alternativen zu entdecken. Daher spielt Kreativität eine große Rolle bei der Angstbewältigung. Und dann ist etwas von ganz großer Wichtigkeit: Sie müssen handeln. Durch Ihr zielgerichtetes Handeln überwinden Sie die Angst.

Sie können beim ersten Versuch scheitern. Wer aber das Scheitern fürchtet, dem gelingt es nicht, etwas zu bewirken. Wer in seinem Leben alles richtig machen will, macht am Ende niemals etwas richtig. Und wer sich davor schützen will, auf das falsche Pferd zu setzen, wird nie zu einem Gewinn kommen.

Das Leben ist ein dynamischer Prozeß. Nehmen Sie die Einladung des Lebens an, daran teilzunehmen. Es ist falsch, über die eigene Sterblichkeit zu jammern, vielmehr sollten Sie Ihre Zeit mit Freuden füllen. Viele Menschen meinen, sie hätten einen weiten Horizont, aber sie sind wie ein Frosch im Brunnen, der keine Vorstellung von der grenzenlosen Weite des Himmels hat.

Leben bedeutet, die selbstgeschaffenen Grenzen zu überwinden und zu erkennen, daß Ihr Selbst in grenzenloser Beziehung zum Universum steht. Leben heißt, neue Erfahrungen zu machen. Ihr höheres Selbst will seine Erfahrungen immer mehr ausweiten. Machen Sie es nicht wie die Raupe, die zum Schmetterling hochblickt und sagt: „Du wirst mich nicht dazu verführen, auf den Baum zu klettern."

Brechen Sie auf zu neuen Ufern. Sie können sich aus der Enge befreien und wie der Schmetterling in die unendliche Weite fliegen. Dazu ist es aber notwendig, etwas zu wagen und kein Gefangener der Angst zu sein. Hier nun ein Programm, das Ihnen dazu verhilft, mehr zu wagen:

1. Wagen Sie etwas Neues. Bleiben Sie nicht beim Alten.
2. Stellen Sie sich einer Herausforderung, und überwinden Sie die Angst.
3. Setzen Sie sich der Veränderung und der Unsicherheit aus.
4. Nehmen Sie Ihre Gefühle wahr. Verdrängen Sie sie nicht. Vermeiden Sie aber, daß Sie von ihnen beherrscht werden.
5. Lassen Sie Ihr Leben von der Hoffnung bestimmen.
6. Lachen Sie auch einmal über sich selbst.
7. Hören Sie auf Ihre innere Stimme.
8. Lernen Sie auch die dunklen Seiten von sich kennen.

9. Entwickeln Sie Individualität, und realisieren Sie das, was in Ihnen wachsen will.
10. Glauben Sie an sich selbst.
11. Werden Sie sich Ihres Sterbens bewußt, um besser leben zu können.
12. Lassen Sie sich auch auf unangenehme Erfahrungen ein, nur so reifen Sie.
13. Gehen Sie auf Ihre Mitmenschen zu, und überwinden Sie Ihr Mißtrauen.
14. Erfüllen Sie nicht jeden Wunsch des Partners.
15. Wagen Sie es, gelegentlich allein zu sein.

Was wollen Sie in der nächsten Zeit wagen? Es muß noch längst keine große Sache sein. Wichtig ist, daß es Sie über die bisherige Routine hinausführt.

Glauben Sie daran, daß Sie durch Ihre Entfaltung zur Individualität die Kraft des Geistes zum Ausdruck bringen, Mut ist die Folge.

Lenken und trainieren Sie Ihr Bewußtsein

In Kapitel 2 haben Sie erfahren, wie wichtig es ist, ein Gefühl nicht zu verdrängen, sondern wahrzunehmen. Nur so vermögen Sie den Ursprung des Gefühls zu erkennen und es zu verstehen. Deshalb ist es notwendig, sich der eigenen Ängste bewußt zu werden.

Nun haben aber viele Menschen die Angewohnheit, ohne Grund zwanghaft negative Vorstellungen gedanklich aufzubauen. Die Gedanken lösen Angst aus, und wer von ihr erfaßt wird, entwickelt noch mehr Gedanken und Vorstellungen, die die Angst weiter steigern. Ein verhängnisvoller Kreislauf beginnt. Diese Fixierung auf das Negative ist dann schon chronisch. Der Mensch haftet gleichsam wie die Fliege am Fliegenfänger. In einem solchen Fall ist es nötig, die Aufmerksamkeit von dem Negativen abzuziehen und auf etwas anderes zu lenken, um den Lauf der negativen Gedanken zu beenden. Sie können zum Beispiel Ihre gesamte Aufmerksamkeit auf das richten, was Sie gerade tun oder an ein freudiges Ereignis der Vergangenheit oder der Zukunft denken. Sie haben drei Möglichkeiten, mit den Gefühlen umzugehen:

1. Sie reagieren aufmerksam auf feinste Gefühlszustände.
2. Sie bestimmen, auf welche Gefühle Sie Ihre Aufmerksamkeit richten und auf welche nicht.
3. Sie setzen beide Methoden je nach Situation abwechselnd ein.

Es empfiehlt sich, nach der dritten Methode vorzugehen, denn so verdrängen Sie keine Gefühle. Sie vermögen aber auch Zwangsgedanken und negative Bewußtseinszustände zu stoppen, da diese Ihnen Energie entziehen.

Gefühle sind ein wichtiger Bestandteil Ihres Lebens. Sie geben Ihrem Leben die notwendige Tiefe und Lebendigkeit. Mit den Gefühlen der Hoffnung und des Mutes, die Gegenspieler der Angst sind, haben wir uns schon beschäftigt. Weitere Gegenspieler der Angst sind die Freude, die Inspiration und die Kreativität, denen wir uns noch widmen. Da die Angst weitverbreitet ist und eine Gefühlsansteckung leicht entsteht, wäre es falsch, jedem Gefühl wahllos zu folgen. Das würde zu Dauerängstlichkeit, Verwirrung, Empfindlichkeit und Hysterie führen.

Wenn Sie negative Gedanken wie einen Fluß beobachten, der gleichsam an Ihnen vorbeifließt, bauen Sie schon ein Gefühl der Distanz zu ihnen auf. Das allein reicht aber oft nicht aus. Häufig ist es notwendig, negative Gedanken absichtlich zu beenden. Sie können beim Auftreten eines negativen Gedankens oder Bildes in Gedanken „stopp“ rufen, Sie stellen sich ein großes Stoppzeichen vor, oder Sie lenken Ihr Bewußtsein sofort auf etwas ganz anderes.

Die Fähigkeit, sich zu konzentrieren, also Ihr Bewußtsein auf ein bestimmtes Objekt zu richten, hilft Ihnen nicht nur, Ängste zu besiegen. Nichts fördert die Entfaltung Ihrer Persönlichkeit mehr als die Stärkung Ihrer Konzentrationskraft.

Die Konzentrationsfähigkeit hilft Ihnen auch, folgende negative Verhaltensweisen zu überwinden, die fast immer Angst- und Streßauslöser sind:

- Der Impuls, viele Dinge gleichzeitig zu tun.
- Die Beklemmung, nie alles erledigen zu können.
- Die Hast, eine Sache schnell zu beenden, um dann vorschnell eine neue anzufangen.

Gelingt es Ihnen, sich konzentriert mit einer bestimmten Sache zu beschäftigen und diese auszuführen, dann entwickeln Sie ein Gefühl der Ruhe und Herrschaft über die Situation, die keine Angst aufkommen läßt.

Eine intensive Konzentration bewirkt ein Aufgehen im jeweiligen Tun, ein Erfahren der Selbstvergessenheit und eine Ausweitung der Grenzen. Die Visualisierung eignet sich ganz besonders für das Training der Konzentrationskraft.

Übungen zur Visualisierung: Stellen Sie sich einen gelben Kreis vor. Sehr hilfreich ist es, mit einer Bildvorlage zu arbeiten. Zeichnen Sie dazu einen Kreis und malen Sie ihn mit gelber Farbe aus. Betrachten Sie ihn einige Sekunden lang. Versuchen Sie nun, sich bei geschlossenen Augen das Bild des gelben Kreises vorzustellen. Haben Sie Schwierigkeiten, das Bild vor sich zu sehen, ist es verwischt, instabil, trübe oder verschwindet es nach einem deutlichen Auftreten gleich wieder, dann schauen Sie sich die Vorlage erneut einige Sekunden an und wiederholen den Vorgang. Seien Sie nicht enttäuscht, wenn Ihnen die Übung zu Anfang nicht gelingt. Selbst wenn Sie keinen Erfolg zu haben meinen, trainieren Sie Ihre Konzentrationsfähigkeit, Ihre Beobachtungsgabe, Ihr bildhaftes Vorstellungsvermögen, Ihre Intuition, Ihr Gedächtnis, Ihre linke Gehirnhälfte und unternehmen Schritte zu Ihrer Ganzwerdung.

Reservieren Sie sich für die Übung pro Tag fünf bis zehn Minuten. Führen Sie die Übung geduldig über mehrere Monate durch, dann werden Sie eine Veränderung Ihrer Konzentrationskraft und Ihres Vorstellungsvermögens erfahren, und zweifeln Sie nicht an sich, wenn der Prozeß lange dauert. Das ist ganz normal.

Symbole, wie die Sonne, die Quelle, der Schmetterling, das Schiff, um nur einige Beispiele zu nennen, schaffen Verbindungen zu den Dimensionen Ihres Seins, die dem analytischen Verstand verschlossen sind. Wenn Sie ein Symbol visualisieren oder einen ganzen Ablauf, in dem ein Symbol vorkommt, imaginieren, vermögen Sie unbewußte Energien zu strukturieren und zu lenken und neue Komplexitäten im Bewußtsein aufzubauen. So wird die im Bewußtsein frei umherfließende Energie richtungsgebend konzentriert, ohne daß sie dabei unterdrückt wird. Jedes Symbol vermittelt Ihnen eine neue Bewußtseinsdifferenzierung. Wählen Sie daher selbst aus, mit welchem Symbol Sie arbeiten.

Die Imagination eines Sonnenaufgangs am Meer oder in den Bergen und die anschließende Imagination der Sonne in Ihrem Herzen reinigen Ihre Gefühlskanäle von negativen Gefühlen, heben Ihr Emotionsniveau an und stabilisieren es, so daß es schwer zu erschüttern ist. Die Imagination eines Schmetterlings, der sich aus dem Kokon befreit und über eine Wiese fliegt, hilft Ihnen, Ihre Grenzen zu erweitern. Die Imagination eines Steuermanns, der sein Segelschiff in dunkler Nacht entlang des Lichtstrahls auf einen Leuchtturm steuert, verstärkt das Zielbewußtsein in Ihnen. Die Imagination einer Quelle in Ihnen verbindet Sie mit der Quelle des Lebens, die alles neu macht. Die Imagination der Klarheit und der Härte eines Diamanten, seines Feuers und Lichtes und der Vorstellung des Diamanten in Ihnen macht Ihnen bewußt, daß Ihr Selbst wie der Diamant unbezwingbar (adamas) ist und von Ängsten und Bedrohungen nicht besiegt werden kann.

Kommen wir auf die Tatsache zurück, daß der Geist in der Entwicklung des Bewußtseins nach höherer Komplexität strebt. Nur wenn das Bewußtsein schöpferisch wird, vermag der Geist im Prozeß der Neuorganisation des Bewußtseins in Erscheinung zu treten. Die in der Visualisierung erlebten Symbole sind immer etwas in Veränderung Befindliches und Reifendes. Sie sind immateriell und nicht eindeutig beschreibbar.

Während des Vorgangs der Visualisierung wandelt sich das Symbol und entwickelt andere Facetten, obwohl es seinen Grundcharakter erhält. Da der Geist und das Symbol die Dynamik und Verwandlung gemeinsam haben, ist das Symbol das Mittel, dessen sich das Bewußtsein bedient, um durch Verwandlung zum Geist zu werden.

So verbindet Sie die Visualisierung eines Symbols mit solchen Wirklichkeiten, die Ängste auflösen.

Strategien, um Ihre Angst zu besiegen

Die Erhöhung Ihrer Lebensqualität und Ihrer Persönlichkeitsentfaltung hängt ganz entscheidend davon ab, ob Sie Ihre Angst verringern können. Angst bringt Sie nur zu oft in die Situation, die Sie vermeiden wollen. Denken Sie bitte einmal über Ihr Leben nach. Welche Entscheidungen haben Sie in Panik oder in Angst gefällt? Welche Auswirkungen hat dies auf Ihr Leben gehabt?

Unbewältigte Angst verändert jede Situation negativ. Mit Mut überwinden Sie die Resignation. Häufige Angst zerstört Ihre Selbstdisziplin, Sie verfallen in Mitteilungsdrang und Redesucht und schaden sich. Außerdem treibt sie Sie zu Maßnahmen, die von der Sache her nicht erforderlich sind. Wenn Sie ängstlich sind, führen Sie oft eine Arbeit nicht zu Ende. Sie flüchten von einer Aktivität in die andere. In meinen Zeitmanagement-Seminaren kann ich diese Erfahrung immer wieder machen: Angst ist die tiefe Ursache, weshalb die meisten Menschen Schwierigkeiten im Umgang mit der Zeit haben. Was Sie brauchen, ist ein Strategieprogramm, um mit der Angst besser umzugehen und sie zu bewältigen:

1. Analysieren Sie die Bedrohung der Zukunft: Verschaffen Sie sich Klarheit über Ihre Angstauslöser. Machen Sie sich Gedanken: Wie real ist die Bedrohung? Ist überhaupt eine Aktion notwendig? Versuchen Sie, die Größenordnung der Folgen der Bedrohung realistisch einzuschätzen. Ergreifen Sie Maßnahmen zur Sicherung. Begehen Sie aber nicht den Fehler, sich gegen alles abzusichern, denn dann zerstören Sie die Gegenwart. Es ist viel wichtiger, sich um den heutigen Tag zu kümmern, als eine absolute Absicherung der Zukunft zu erreichen.
2. Trennen Sie sich von der Vorstellung, daß jede Situation perfekt gelöst werden kann: Aus diesem Grunde unterlassen es viele Menschen, aktiv nach Zwischenlösungen zu suchen, weil sie auf das große Glück der Zukunft hoffen. Dieses Verhalten führt zur Hilflosigkeit und damit zur Angst.
3. Entwickeln Sie Ihr eigenes Programm, um Ihre psychische Energie zu erhalten und guter Stimmung zu sein: Sie erhalten Ihre psychische Energie, wenn Sie sich Zeit für die Erholung nehmen und Sport betreiben.
   Sorgen Sie dafür, daß Sie in guter Stimmung sind. Ziehen Sie eine Bilanz: Wieviel Stunden am Tag sind Sie heiter und gelassen? Sind Sie in guter Stimmung, dann sind Sie weniger angstanfällig. Die folgenden Abschnitte geben Ihnen dazu Anregungen.
4. Lassen Sie sich nicht von Ihrer Vorstellungskraft terrorisieren: Nur positive Gedanken machen Sie stark, nicht negative. Mehr als 80 Prozent der Sorgen existieren lediglich in der Vorstellung. Hüten Sie sich vor Panik und Hysterie. Wenn Sie ständig darüber nachdenken, was alles passieren könnte, bringt Sie Ihre Vorstellungskraft in eine Katastrophenstimmung. Lassen Sie Ihre Gedanken und Gefühle nicht durch die Umwelt in Aufruhr bringen. Übernehmen Sie die Verantwortung. Seien Sie daher achtsam bezüglich Ihrer Gedanken, ersetzen Sie negative durch positive. Machen Sie sich nicht ständig Sorgen über Ereignisse, die Sie nicht ändern können. Verfallen Sie in keinen Grübelzwang.

5. Konzentrieren Sie sich auf das, was Sie im Augenblick tun: Mit Konzentration bündeln Sie Ihre Energie. Durch die Hilfe der Ordnung in Ihrem Bewußtsein werden Sie furchtlos und gelassen. Ihre Gedanken purzeln nicht durcheinander wie die Wäschestücke in der Waschmaschine. Die Konzentrationsfähigkeit ermöglicht es Ihnen, intensiver zu leben und jeden Tag einen Erfolg zu verzeichnen. Konzentrieren Sie sich auch auf kleine Fortschritte, ihnen werden größere folgen.
6. Erweitern Sie Ihren Freiheitsrahmen und Ihre Effizienz, indem Sie sich wenigeren, aber dafür aussichtsreicheren Zielen widmen: Mit 20 Prozent Ihrer Aktivitäten erzielen Sie 80 Prozent Ihres Erfolges (Pareto-Regel). Geben Sie daher einen Teil Ihrer Aktivitäten auf und nutzen Sie die dadurch freiwerdende Zeit, um an aussichtsreicheren Zielen offensiv zu werden.
   Vielen fällt das schwer, da sie aufgrund der Routine fixiert sind. Nach dem erwähnten Effizienzprinzip zu arbeiten erfordert, Teilgebiete aufzugeben, also loszulassen und sich Neuem zuzuwenden. Das ist aber nur möglich, wenn Sie Ihr Bewußtsein zu steuern vermögen und eine hohe geistige Beweglichkeit besitzen.
7. Lassen Sie sich nicht einschüchtern: Lassen Sie sich nichts gefallen. Laufen Sie nicht unverschämten Personen hinterher. Bei manchen Menschen müssen Sie deutlich werden, denn sie verstehen keine andere Sprache. Zeigen Sie Courage. Versuchen Sie nicht, es jedem recht zu machen. Das Ziel würden Sie sowieso nie erlangen. Wer es dennoch schaffen will, der geht daran zugrunde. Leider gibt es immer Menschen, bei denen Sie mit Freundlichkeit nichts erreichen, da sie ein solches Verhalten als Schwäche ansehen. Erkennen Sie rechtzeitig, welche Personen zu dieser Gruppe gehören, da Sie sonst Ihre Energie vergeuden und sich selbst schaden.
8. Werden Sie offensiv: Wenn Sie offensiv sind, dann sehen Sie in jeder Gelegenheit eine Chance. Gehen Sie auf das Neue zu. Der Defensive kommt aus dem Kokon nicht heraus. Der Offensive gibt ein altes Verhalten auf, um sich ein erfolgrei-

cheres anzueignen. Der Defensive tut dies höchstens, wenn es schon gar nicht mehr anders geht.

9. Besiegen Sie Ihre Angst, indem Sie daran glauben, in Ihrem Leben Veränderungen bewirken zu können.
10. Setzen Sie sich eigene Ziele. Erkennen Sie den Sinn Ihres Lebens. Haben Sie den Mut, Ihre Individualität zu entfalten.
11. Entwickeln Sie höhere Ordnungen in Ihrem Bewußtsein, und überwinden Sie Ängste mit Hilfe von Hoffnung, Vertrauen, Freude und Kreativität.
12. Stellen Sie sich den tiefsten Ängsten, indem Sie sich mit Gott beziehungsweise dem Kosmos in Beziehung setzen.

Überwinden Sie Ihre Ängste. Denken Sie an das, was Arthur Schopenhauer sagte: ,,Nicht wegen Furcht vor dem Leben das Leben und dessen Sinn verderben."

Freude und das Erleben des Schönen wirken der Angst entgegen

Ist Ihnen schon einmal aufgefallen, wie wenig Freude die Gesichter der Menschen ausdrücken, die Ihnen auf der Straße begegnen? Die Fähigkeit zur Freude verkümmert bei vielen Menschen.

Wie sieht es mit der Freude bei Ihnen aus. Freuen Sie sich oft? Wann haben Sie sich zuletzt gefreut?

Machen Sie bitte folgende Übung: Schließen Sie die Augen. Erinnern Sie sich an eine Situation, in der Sie sich gefreut haben. Stellen Sie sich nun die Situation vor. Was fühlen Sie? Wie drücken Sie Ihre Freude aus? Oder zeigen Sie Ihre Freude nicht nach außen? Geben Sie sich nochmals ganz dem Gefühl der Freude hin. Öffnen Sie nach einigen Minuten wieder die Augen. Wie hat sich die Imagination auf Ihre Stimmung ausgewirkt?

Das Gefühl der Freude ist dem der Angst entgegengesetzt. Empfinden wir Freude, dann machen wir Luftsprünge oder würden sie gern tun. „Vor Freude aus der Haut fahren“ ist eine bildhafte Redewendung, die ihre Wirkung beschreibt. Wenn Sie von der Freude richtig erfaßt sind, ist es schwer, mit sich allein zu sein. Freude vermittelt ein Gefühl der Leichtigkeit, und Sie fühlen sich bedeutsam und allen Schwierigkeiten gewachsen. Angst dagegen bewirkt ein Gefühl der Schwere. Freude ist verbunden mit einem Sich-Öffnen und Sich-Entgrenzen. Sie stärkt Ihr Selbstvertrauen und in diesem Zustand verstärken sich Zukunftsvertrauen und Vitalität. Das Ich ist geöffnet und seine Grenzen sind durchlässig geworden. In der Freude sind Sie eins mit sich und haben ein Gefühl des Ganzseins. Freude kann sich auch einstellen, wenn Sie in einer Aktivität aufgehen. Angst ist charakterisiert durch Enge, Verschlossenheit, Unordnung und niedere Schwingungsfrequenz des Bewußtseins. Freude dagegen zeichnet sich durch Offenheit und hohe Schwingungsfrequenz des Bewußtseins aus.

Die Freude ist deshalb der Gegenspieler der Angst, weil sie die Fixierungen der Angst aufbricht. Leider gibt es Menschen, die Angst haben, sich zu freuen, die nicht wagen, Freude aufkommen zu lassen.

Nur wenn Sie Ihre Fähigkeit zur Freude nicht verkümmern lassen und ausleben, werden Sie Ihre Gefühle besser lenken und sich von der Angst lösen.

Wenn ich Menschen rate, sich jeden Tag mindestens zehn Minuten dafür zu reservieren, sich Freuden hinzugeben, schauen sie mich meist ungläubig an. Der Grund ist leider oft der, daß die Freude längst aus ihrem Horizont verschwunden ist.

Wie sieht es mit Ihrer Fähigkeit zur Freude aus? Worüber freuen Sie sich? Oder lassen Sie die Freude nicht oder nur wenig aufkommen? Wie hat sich Ihre Fähigkeit zur Freude im Laufe des Lebens entwickelt? Ist Ihre Freude mehr oder weniger geworden?

Das Nachdenken darüber soll Ihnen helfen, Erinnerungen an vergangene Freuden lebendig werden zu lassen, damit Sie freudefähiger werden. So werden Situationen lebendig, in denen Sie sich öffneten. Außerdem werden Sie sich bewußt, was bei Ihnen Freude auslöst und wie Sie Freude unterdrücken. Sie besitzen die Möglichkeit, freudeauslösende Situationen bewußt aufzusuchen.

In vielen Fällen gibt die Beschäftigung mit den Hobbys Anlaß zur Freude. Auch die Erinnerung an freudige Situationen Ihres Lebens übt einen großen Einfluß auf Ihre Psyche aus, denn Sie steigert Ihre Freude am Leben, stärkt Ihr Vertrauen zum Leben und erhöht Ihre Abwehrkräfte gegen die Angstansteckung der Umwelt. Werden Sie freudiger, dann werden Sie auch mutiger, Ihr Leben selbst zu gestalten. Wenn Sie in schwierigen Lebenssituationen Freude erfahren haben, wissen Sie, daß auf diese Weise auch sehr viel Hoffnung stimuliert wird.

Es gibt nichts, was für unser Innenleben derartig wichtig und bedeutend, aber auch so schwer faßbar ist wie das Erleben des Schönen. Wenn wir etwas Schönes erleben, fehlen uns die Worte, es zu beschreiben. Die Schönheit hat einen heilenden, aber auch erneuernden Einfluß auf uns. Sie können die Schönheit beispielsweise in einer Landschaft, in einem Gemälde, in einer Blume, in einem Gedicht oder in der Herrlichkeit eines Rosettenfensters einer Kathedrale entdecken. Wenn wir uns der Schönheit gewahr werden, wird unser Bewußtsein, das durch unangenehme Ereignisse berührt worden ist, gleichsam wieder neu belebt. Die Schönheit holt Sie aus der eigenen Beengtheit heraus und bringt Sie in Kontakt mit etwas Universalem. Ihr Ich mit seiner eigenen Welt wird von etwas jenseits der eigenen Begrenzungen erfaßt. Die Schönheit offenbart Ihrem Bewußtsein Welten, die der Vernunft nicht zugänglich sind. Sie zeigt Ihnen den Zugang zu einer höheren, nicht faßbaren Welt. In der offenbarenden Kraft der Schönheit erfährt Ihr Bewußtsein Ordnungsprinzipien, die das Universum durchwalten, und Sie fühlen sich aufs engste mit dem verbunden, was Sie beobachten. So mancher Mensch wurde beim Anblick eines Kunstwerkes, eines Berggipfels oder eines Naturschauspiels so ergriffen, daß sein eigenes Weltbild zusammenstürzte.

Schon der Buddhismus wußte vor etwa tausend Jahren: Im Erleben des Schönen lösen wir uns von der Ich-Verhaftung, und erleben das Nirwana.

Sie erinnern sich: Angst entsteht, wenn das Ich seine Existenz bedroht sieht. Lösen Sie sich im Erleben des Schönen aus der Ich-Verhaftung, und befreien Sie sich dadurch von der Angst. Oder anders ausgedrückt: Die Angst mit ihrer Unordnung im Bewußtsein wird durch das Wahrnehmen und damit Ausrichten Ihres Bewußtseins auf universale Ordnungsprinzipien überwunden. Sie erfahren Ihre Eingebundenheit in die universellen Ordnungen des Kosmos, die Sie tragen und Ihnen eine tiefe Geborgenheit vermitteln. Im Erleben des Schönen vermögen Sie loszulassen. Sie genießen im Jetzt. Genuß ist für die Erfahrung offen. Verhaftung ist begehrlich, versucht das Genießen zu programmieren und lebt in der Vergangenheit oder der Zukunft.

Wenn Sie die Schönheit nur in einem Menschen oder in einem Objekt sehen, werden Sie davon besessen und Ihre Sichtweise wird einseitig. Sie begehen sehr bald den Irrtum zu glauben, daß Sie die Schönheit besitzen, wenn Sie sich das Objekt aneignen. Im Erleben des Schönen können Sie die Erfahrung eines Lebensprinzips machen, das zeitlos und endlos durch unzählige Formen des Lebens zum Ausdruck gelangt. Das kann zum Beispiel durch eine Blume, einen Vogel, ein Kunstwerk oder etwas anderes erfolgen. Machen Sie eine solche Erfahrung, dann spüren Sie Harmonie in sich. In einem solchen Augenblick offenbaren sich viele Formen der Schönheit, die Ihr Normalbewußtsein wahrnimmt.

Bekämpfen Sie mit Kreativität und Inspiration Ihre Angst

Kreativität bringt Sie dazu, neue Wege zu entdecken, um sich mit bedrohlichen Situationen erfolgreich auseinanderzusetzen. Mit Hilfe von Kreativität wird sehr viel Angst überwunden. Wenn Sie kreativ werden, besiegen Sie mit dem Lebensgefühl der Lebendigkeit das Gefühl der Angst.

Nehmen wir an, Sie haben ein Problem, das Angst verursacht. Lösen Sie es kreativ, dann verlieren Sie auch Ihre Angst.

Gehen Sie in folgenden Schritten vor:

1. Sie erkennen Ihr Problem:

   ____

2. Sie entwickeln neue Ideen, um es zu bewältigen:

   ____

3. Sie bewerten Ihre Ideen:

   ____

4. Sie entscheiden sich, folgende Ideen auszuführen:

   ____

5. Sie setzen Ihre Ideen in die Tat um. Dafür tun Sie:

   ____

6. Sie kontrollieren den Erfolg Ihrer Ideen:

   ____

Betrachten wir nun die Kreativität ganz allgemein von der Perspektive der Selbstorganisation des Bewußtseins, die zu höheren Komplexitäten führt *(Bild 5)*. Der Prozeß der Organisation ist von Natur aus kreativ, denn er überwindet alte Ordnungen und schafft neue. Das Erschaffen von Neuem gehört zu den Merkmalen des Lebens. Kreativität ist nicht nur ein wichtiger Teil Ihres Bewußtseins, sondern ein wesentlicher Teil der Selbstorganisation lebender Systeme. Mit Hilfe der Kreativität baut Ihr Bewußtsein Ordnungsstrukturen auf, die die Angst überwinden.

Seit Jahren beschäftigt sich die Forschung mit der menschlichen Kreativität. Die Kreativitätsforschung unterscheidet einen organisierten und einen inspirierten Zugang zur Kreativität, die nicht voneinander zu trennen sind. Selbst wer die kreative Arbeit systematisch und organisiert angeht, bedarf der Einfälle, also der Inspiration. Diese Ideen kommen aus dem Unterbewußtsein. Voraussetzung dafür ist, sich ergreifen zu lassen. Deshalb kann Inspiration definiert werden als ein Ergriffensein von Einsichten, Ideen oder Gedanken. Wir sind von etwas ergriffen, das aus dem Unterbewußtsein strömt.

Es existieren Methoden, solche Aktivitäten des Unterbewußtseins anzuregen. Eine von ihnen ist die bereits erwähnte Imagination.

Der schöpferische Prozeß besteht in der Gestaltung einer Vision, diese wird auf einer Bewußtseinsebene erlebt, die außerhalb des Alltag-Ichs liegt und von der Inspiration bis zur Ekstase reicht. In der Ekstase tritt der Mensch aus sich heraus und läßt die höhere Wirklichkeit beziehungsweise Gott in sich hinein. Danach wird der Mensch wieder der, der er vorher einmal war. In solchen Zuständen gelangt der Mensch mit einem Wissen in Kontakt, das über das hinausgeht, was er vorher besaß.

Bei der Inspiration und Ekstase wirken verschiedene Bewußtseinsebenen zusammen, zwischen denen gleichsam Fluktuationen wirksam werden und neue Bewußtseinsstrukturen stimulieren. So berichtete beispielsweise der Erzatheist Bertrand Russel, daß er Erlebnisse hatte, die innerhalb von Minuten sein ganzes Leben änderten und ihm neue Perspektiven gaben.

Allen Religionen sind solche Erfahrungen bekannt. In der Bibel stellt das Pfingstwunder ein Beispiel für eine solche Inspiration und Ekstase dar. Selbst in Momenten der schwachen Inspiration sind Sie vom Alltagsbewußtsein entrückt. Gewiß erinnern Sie sich daran, wie wenig Sie in diesem Zustand davon angetan sind, wenn Sie der Partner mit banalen Alltagsdingen behelligt.

Nutzen Sie die in Ihnen angelegten Möglichkeiten, kreativ zu werden. Nehmen Sie die Chance wahr, Ihr Bewußtsein zu höheren Komplexitäten zu entfalten, und besiegen Sie Ihre Ängste.

Humor löst Sie aus den Fixierungen der Angst

Angst bedeutet eine Fixierung des Bewußtseins. Wer von Angst beherrscht wird, vermag die Situation nur aus einer Perspektive zu sehen. Wer bedroht ist, dem müßte der Humor vergehen, sollte man meinen. Aber es gibt viele Beispiele dafür, daß sich die Kraft des Humors zeigt, wenn alle anderen Kräfte versagen.

Dazu ein Beispiel: Eine geographische Expedition war in den südamerikanischen Urwäldern unterwegs. Die Forscher und die Träger befanden sich in einer großen Notlage. Der Urwald mit seinem Dickicht und Schlingpflanzen wurde immer undurchdringlicher. Den Menschen setzte die Hitze zu, und sie wurden von Hunger und Durst gequält. Der Proviant ging zur Neige, und die Stimmung der Expeditionsteilnehmer sank ständig. Eines Morgens hatte niemand mehr die Kraft, sich vom Lager zu erheben. Da ertönte von einer Lagerstätte ein Lachen. Alle Blicke richteten sich auf einen Mann, der in einem Buch las. Dann zitierte er Wilhelm Buschs Verspaar: „Denn hinderlich wie überall ist hier der eigene Todesfall.“ Es war, als hätte der Blitz eingeschlagen. Hier und da lachte jemand. Bewegung kam in die Mannschaft. Jeder erhob sich und bereitete den Aufbruch vor. Die Lähmung war verschwunden, und obwohl die Schwierigkeiten noch nicht überwunden waren, löste sich die Niedergeschlagenheit der Expeditionsteilnehmer in Luft auf.

Wilhelm Raabe sagte: „Humor ist der Schwimmgürtel auf dem Strom des Lebens.“ Christian Friedrich Hebbel meinte: „Der Humor ist die absolute Geburt des Lebens.“ Und Jean Paul äußerte: „Humor ist überwundenes Leiden an der Welt.“ Humor vermittelt Ihnen die Gelassenheit, die Sie umgebende Wirklichkeit nicht bedrohlich zu empfinden.

Um Humor zu entwickeln, müssen Sie lernen, eine Situation von einem anderen als dem herkömmlichen Blickwinkel zu betrachten. Der Witz schärft diese Fähigkeit.

Dies möchte ich anhand eines weiteren Beispiels verdeutlichen: Ein junger Mann geht in einem Tanzlokal auf eine ältere Frau zu. Er verneigt sich und sagt: „Darf ich Sie zum Tanz bitten?“ Die Frau wirft ihm einen verächtlichen Blick zu und erwidert: „Ich tanze nicht mit einem Kind“, „Oh, Verzeihung“, kontert der junge Mann, „ich wußte nicht, daß sie schwanger sind.“

Um einen guten Witz zu verstehen, müssen Sie einen Aspekt einer Situation erfassen, der zunächst nur schwach am Rande wahrgenommen wird.

Haben Sie Humor, dann können Sie auch lachen. Humor ist ein Heilmittel gegen übertriebene Angst und andere seelische Fehlhaltungen. Sowohl Humor als auch Lachen bewirken Freude und ein Interesse am Leben.

Humor hilft Ihnen, den Tatsachen und Ereignissen die übertriebene Bedeutsamkeit zu nehmen und zu erkennen, wie viele positive Erlebnisse sich in der Wirklichkeit ereignen.

Jean Paul sagt: „Humor ist das umgekehrt Erhabene, er erniedrigt das Große, um ihm das Kleine, und erhöht das Kleine, um ihm das Große an die Seite zu setzen und so beide zu vernichten, weil vor der Unendlichkeit alles gleich und nichts ist.“

In meinen Seminaren erlebe ich oft, daß Menschen derartig fixiert auf eine Gefühlshaltung sind, daß sie zu einer umfassenderen und realitätsnäheren Sicht nicht mehr imstande sind. Fast immer ist diese Sicht durch eine große Angst geprägt. Wenn ich dann einen zur jeweiligen Situation passenden Witz erzähle, kann ich damit mehr bewirken als durch eine Vielzahl an weiteren Ausführungen.

Übertriebene Erwartungen, Gier, Übereifer schaffen eine dauernde Ungewißheit und Unsicherheit, die eine Adrenalinausschüttung des Nervensystems bewirken und zu Ängsten führen. Sinn für Humor läßt unsere Selbstgefälligkeit schrumpfen und verhilft dazu, uns nicht überwichtig zu nehmen.

Es gibt ein herrliches Lied: „Nimm dich nicht wichtig, du kleiner Gerne-Groß." Als ich es das erste Mal im Autoradio hörte, brach ich in schallendes Lachen aus, daß ich aufpassen mußte, nicht die Gewalt über meinen Wagen zu verlieren.

Wenn Sie das Leben nicht so tierisch ernst, sondern mehr als ein Spiel ansehen, wird es Ihnen leichter fallen, hinter jeder unangenehmen Sache auch etwas Heiteres oder Komisches zu entdecken. Es gibt nämlich nur wenige Situationen, die noch so dramatisch und tragisch erscheinen mögen, die nicht auch eine komische Seite hätten. Humor bewahrt Sie davor, nicht vor der Realität in Einbildungen zu flüchten, die mit der Angst verbunden sind.

Mit Humor nehmen Sie sich nicht selbst übertrieben wichtig. Wer Humor hat, dem versperrt nicht das eigene Ich den Blick auf die Welt. Johann Wolfgang von Goethe sagte dazu:

„Ich liebe mir den heiteren Menschen
Am meisten unter meinen Gästen:
Wer sich nicht selbst zum besten haben kann,
Der ist gewiß nicht von dem Besten."

Die wirklichen Fundamente des Humors liegen sehr tief. Er beruht auf der Erkenntnis, daß die Welt voller unlöslicher Spannungen steckt. Die Unausweichlichkeit der großen Gegensätze soll uns davon abhalten, immer wieder zu verzweifeln. Die Stöße, die uns das Schicksal erteilt, liegen in der Konstruktion der Welt. Wilhelm Busch sagte dazu: „Vor Jahren, freilich, da dachte ich auch oft darüber nach, warum gerade mir, einem so netten und vorzüglichen Menschen, das alles passieren mußte. Jetzt sitze ich da in sanfter Gelassenheit und flöte still vor mich hin, indem ich kurzweg annehme: Was im Kongreß aller Dinge beschlossen ist, das wird ja wohl auch zweckmäßig und heilsam sein."

Bemühen Sie sich bei den Mißgeschicken, die Ihnen zustoßen, auch die heitere Seite zu entdecken. Sie schulen Ihre Fähigkeit, neue Aspekte in einer Situation zu entdecken, wenn Sie beispielsweise das Witzbüchlein: „Jüdische Witze und Anekdoten" von Salcia Landmann lesen. Viele Lebenssituationen lassen sich entdramatisieren, wenn Sie eine Parallele zu einem analogen Witz oder einer humorvollen Anekdote ziehen.

Nicht selten kommt es vor, daß Menschen es gleichsam an der eigenen Haut ausleiden, wenn sie zwei Dinge nicht miteinander vereinigen können, die sich gegenseitig ausschließen. Ich liefere zur Bewußtmachung dieser Tatsache immer folgenden Witz: Der Unternehmer sagt zu seinem Prokuristen: „Kolischer, ich will feiern das 25jährige Jubiläum meiner Firma. Es soll auffallen, es darf nichts kosten, und die Angestellten sollen sich freuen." Der Prokurist Kolischer überlegt lange. Dann ruft er erfreut aus: „Chef, ich hab's. Hängen Sie sich auf. Es fällt auf, es kostet nichts, und die Angestellten freuen sich."

Humor hilft Ihnen, die Dinge des Lebens weniger ernst zu nehmen und von der Überernsthaftigkeit wegzugelangen. Sie führen dann ein Leben, das weniger auf Äußerlichkeiten und Illusionen beruht.

Viele Menschen haben große Angst davor, ausgelacht zu werden. Die Angst löst bei ihnen ein täuschendes und heuchlerisches Verhalten aus. Könnten die Menschen über sich selbst lachen, wäre die Angst besiegt.

Eine Möglichkeit wäre, an sich gleichsam in der dritten Person zu denken, um den nötigen Abstand zu sich zu gewinnen. Sie entwickeln Humor, wenn Sie:

- kein Ich-Invalide sind und sich gelegentlich selbst in Frage stellen,
- ein Distanzgefühl aufbauen und im größeren Rahmen denken,
- im Großen das Kleine und im Kleinen das Große entdecken,
- versuchen, heitere und komische Perspektiven in einer Situation zu erkennen.

Mit Humor entwickeln Sie eine große geistige Wendigkeit und sind weniger angstanfällig.

[illegible]

[illegible] eine [illegible] zu [illegible]

[illegible] von Seite [illegible]

[illegible]

Nicht [illegible]

[illegible] Hintergrund [illegible]

[illegible] verschiedenen [illegible]

[illegible] Kommunikation [illegible]

[illegible] Menschen [illegible]

[illegible]

[illegible] Menschen [illegible]

[illegible]

[illegible]

[illegible]

[illegible]

Kapitel 5

Der Königsweg der Angstauflösung

Gibt es einen Weg, die Angst für alle Zeiten los zu werden?

Jede Methode, die vorgibt, das Ziel zu erreichen, muß langfristig scheitern. Wenn Sie die Angst ignorieren und verdrängen, wird Sie diese immer weiter verfolgen. Haben Sie Angst davor, Ihre Angst wahrzunehmen, dann werden Sie sie nie verlieren. Ein Davonlaufen vor ihr stellt keine Lösung dar. Das Gegenteil ist richtig. Sie müssen mit dem Gefühl der Angst in Kontakt treten, das heißt sie erfahren. Darauf wurde schon hingewiesen. Sie haben Ihre Angst zu empfinden und sich nicht aufgrund des Angstgefühls zu verurteilen. Das liest sich zwar sehr einfach, es ist aber gar nicht so leicht, alte Muster der Angstverdrängung aufzugeben.

Bedeutet das nun, vor der Angst zu kapitulieren? Um ein individuelles Leben zu führen, müssen Sie mutig Ihre Ziele verfolgen. Angst vor ganz konkreten Situationen überwinden Sie dadurch, daß Sie mit Selbstbejahung mutige Gedanken aufbauen. Mit den beschriebenen Methoden der graduellen Angstkonfrontation und der Konfrontation mit der Angst in der Vorstellung überwinden Sie die Angst. Dazu wurden Programme vorgegeben, die für jede konkret definierbare Angst anzuwenden sind. Indem Sie die Situation meistern, überwinden Sie die Angst.

Ganz anders sieht es mit der Überwindung der existentiellen Angst aus, die mit unserer menschlichen Situation, mit unserer Vergänglichkeit zusammenhängt. Diese Angst ist nur durch Überwindung der Ich-Grenzen zu erreichen, die zu einem tiefen Gewahrwerden der spirituellen Dimension Ihrer Existenz führt.

Die transpersonalen Erfahrungen

Es kann Zeiten im Leben eines jeden Menschen geben, da lockern sich innere Blockaden und die Erfahrungen weiten sich aus, da er mit höheren Bewußtseinsebenen in Kontakt kommt.

Eine Frau beschreibt ein solches Erlebnis: „An einem schönen Abend im Mai ging ich am Ufer eines Sees spazieren. Die Sonne war schon untergegangen und es wurde langsam kühler. Ich setzte mich hin, um noch für eine Weile die Aussicht zu genießen. Plötzlich merkte ich, daß um mich alles still geworden war, so als ob alles ruhte, in einer Art andachtsvoller Erwartung. Bald fror ich nicht mehr, aber ich spürte, daß ich wuchs, obwohl ich noch an derselben Stelle saß. Ich versuchte aufzustehen, aber es gelang mir nicht. Statt dessen hatte ich das Gefühl, daß ich meinen Körper verließ, daß ich ihm entströmte und eins wurde mit dem Gras, der Erde und allem, was um mich war. Einen solchen Frieden hatte ich niemals zuvor erlebt; ich dachte, dies muß der eigentliche Kern der Wirklichkeit sein, ich wünschte mir, niemals mehr zu mir selbst zurückkehren zu müssen ... Alles, was war, war Einheit und Vollkommenheit. Wie lange dieses wunderbare Gefühl mich erfüllte, wußte ich nicht, vielleicht eine halbe Stunde. Mir war, als erwachte ich aus einem tiefen Schlaf. Ich mußte mir Mühe geben, wach zu werden – obwohl ich es eigentlich nicht wollte. Es dauerte danach noch eine gute Weile, bis mein Ich wieder soweit funktionierte, daß ich nach Hause gehen konnte."

Zur Ergänzung einige Auszüge aus der Beschreibung eines Erlebnisses, das der kanadische Arzt R.M. Bucke eines Nachts im Frühling hatte: „Ganz plötzlich, ohne jede Ankündigung, fand ich mich eingehüllt in einen feuerfarbenen Himmel. Einen Augenblick wußte ich, daß das Feuer in mir war. Unmittelbar danach empfand ich ein Gefühl des Jubels, einer unendlichen Freude, gefolgt von einer intellektuellen Klarheit, die sich unmöglich beschreiben läßt. Unter anderem glaubte ich nicht nur, sondern sah, daß das Universum nicht aus toter Materie besteht, sondern aus lebendigem Dasein. Ich erlangte das Bewußtsein eines ewigen Lebens. Es war nicht eine Überzeugung, daß ich in ein ewiges Leben eingehen würde, sondern ein Bewußtsein, daß ich schon ewiges Leben hatte. Ich sah, daß alle Menschen unsterblich sind, daß der kosmische Bauplan so beschaffen ist, daß ohne Zweifel alles und jedes für jeden einzelnen und aller Menschen Wohl zusammenwirkt; daß das Grundprinzip dieser Welt und aller Welten das ist, was wir Liebe nennen und daß Glück für alle und jeden am Ende absolut gewiß ist. Die Vision währte einige Sekunden und war dann verschwunden; aber die Erinnerung an sie und das Gefühl der Wirklichkeit ihrer Botschaft blieb in mir lebendig in dem Vierteljahrhundert, das seitdem vergangen ist. Ich wußte, daß diese Vision der Wahrheit entsprach. Dieser Überblick, diese Überzeugung, ich kann sagen dieses Bewußtsein, habe ich nie verloren, nicht einmal in Zeiten tiefster Depression."

Die Einbrüche der höheren Wirklichkeit können auch im Traum erfolgen.

Eine junge Frau berichtet über folgendes Traumerlebnis: „Ich ging eine Treppe hinauf. Um mich herum wurde es immer dunkler. Es machte mir aber nichts aus, da ich mir sicher war, ein Ziel zu erreichen. Schließlich stand ich vor einer Tür. Ich öffnete sie. Vor mir breitete sich statt eines Bodens ein gelbgoldener Untergrund aus. Darüber schwebte ein Lichtwesen. Ich meinte Gott gegenüber zu stehen. Das Lichtwesen teilte mir etwas ohne Worte mit. Ich hatte das Gefühl, als sei es eine Gedanken- und eine Gefühlsübertragung. Mir war, als ob eine große Angst von mir weichen würde. Ich fühlte mich geborgen und von einem großen Frieden und innerer Harmonie erfüllt. Danach wurde ich selbst zum Licht. Ich spürte meinen Körper nicht mehr. Ich befand mich in einem Glückszustand, wie ich ihn bisher noch nie erlebt hatte."

Die Untersuchungen solcher Erfahrungen auf höheren Bewußtseinsebenen haben gemeinsame Merkmale ergeben, die aber nicht alle während einem Erlebnis auftreten. Die Kennzeichen sind:

- Der Erlebnis der Einheit der äußeren Realität mit der inneren Welt. Das Ich tritt zurück. Es wird reines Bewußtsein erfahren, das sich zu einer allumfassenden Wirklichkeit erweitert.
- Das starke Gefühl zu wissen, was Wirklichkeit ist, und die große Überzeugung, daß das Erlebte mit der Realität identisch ist. Alltagserlebnisse oder gewöhnliche Träume reichen nicht an die Intensität dieser Erlebnisse heran.
- Das Zeitgefühl hört auf, der Raum weitet sich aus und wird unbegrenzt. Das eigene innere Wesen, das Selbst, wird als Lichtwesen erlebt.
- Das Gefühl großer Erhabenheit und Feierlichkeit wird empfunden, das der Mensch bisher noch nie erfahren hat.
- Es werden Grundstimmungen von Freude, Liebe, Dankbarkeit, Geborgenheit, Schönheit, Entzücken, Frieden und Stille intensiv wahrgenommen.
- Das Gefühl der Einheit mit allen Wesen bricht auf.
- Die Person erlebt sich selbst als einen Kanal, durch den ein großer Energiestrom fließt.
- Das Erlebnis ist unbeschreiblich. Es kann mit Hilfe der Sprache nicht angemessen beschrieben werden.
- Das Gefühl eines tiefen Mysteriums wird erfahren.
- Das Erlebnis währt nur einige Sekunden oder Minuten.
- Positive Veränderungen im Alltagsverhalten und tiefgreifende Veränderungen der Persönlichkeit sind die Folge. Der Mensch entwickelt ein größeres Wertgefühl und hat ein sehr geringes Bedürfnis, die üblichen Abwehrmechanismen anzuwenden.

Transpersonale Erfahrungen sind der Königsweg der Angstbewältigung. Die Frage drängt sich auf: Wie sind sie zu erreichen?

Die Meditation erweitert die Grenzen des Ichs

Aus Nichtwissen hat Ihr Ich Mauern um sich errichtet und hält die Illusion seiner Abgetrenntheit vom Universum aufrecht. Diese Tendenz Ihres Ichs führt automatisch zur Entwicklung der Ur-Angst. Doch nur, wenn die Mauern fallen und Ihr Ich transparent und geöffnet wird, wird die Angst aufgehoben.

Während der Meditation kommen die Prozesse des Denkens langsam zur Ruhe. Daraus resultiert ein innerer Frieden. Die Meditation bringt Sie mit den tiefsten Schichten Ihres Bewußtseins in Kontakt. Sie werden sich Ihrer Verbundenheit mit dem Universum bewußt und erfahren geistige Wirklichkeiten intuitiv. Sie erleben Ihr Eingebundensein in ein höheres Ganzes in individuellen Erlebnissen. Die auf diese Weise ausgelösten Erfahrungen lockern Ihre Bindungen an das Ich. In der Erfahrung der Verbundenheit allen Lebens beginnt das Ich durchlässiger zu werden und ein dynamischer Wandlungsprozeß erfolgt. Die Meditation führt Sie nicht zu einer Auflösung Ihrer Persönlichkeit in einer verschwommenen All-Bezogenheit. Sie dringen vielmehr zur Erfahrung Ihrer Individualität und zum Erleben der Einmaligkeit Ihrer irdischen Existenz vor. Die Meditation verhilft einer Lebenshaltung zum Durchbruch, die sich dem Leben in seiner Vielfalt öffnet. So werden Sie sich Ihres eigenes Wesens immer mehr bewußt, und es erscheint gleichsam hell wie ein Raum, in den das Licht hereinbricht.

Die Meditation ist ein Zustand vollkommenen Geöffnetseins und darf deshalb nicht zum Betätigungsfeld des Ehrgeizes und der eigenen Leistungskraft werden. Der Mensch, der sie langfristig als belastende Aufgabe empfindet, die er mit zusammengebissenen Zähnen ausführt, verkrustet sein Ich mehr, als daß er es durchlässiger macht.

Wer daran interessiert ist, die Praxis der Meditation unter Anleitung zu lernen, dem empfehle ich, an einem Seminar teilzunehmen, auf das im Leserdienst am Ende des Buches hingewiesen wird.

Ich lehre die Meditation schon seit mehr als 20 Jahren und stelle immer wieder fest, welche entscheidenden Fehler viele Menschen machen, die der Ansicht sind, richtig zu meditieren. Nur wenn Sie bei der Meditation Fehler vermeiden, werden Sie für transpersonale Erfahrungen offen sein.

Die Erfahrung der Raumunendlichkeit

Die gedrängten Aktivitäten unserer Umwelt und unserer vielen Verpflichtungen und der damit verbundene Druck machen es uns schwer, Raum wahrzunehmen. Unsere Gewohnheiten und Emotionen sind häufig zu einem Muster erstarrt.

Wenn das Ich fixiert und eingeengt ist, so ist es ängstlich und kann nie zur Erfüllung gelangen. Daher ist es wichtig, für eine gewisse Zeit das Hier aufzugeben. Lassen Sie sich von der Wahrnehmung des großen Raumes und seiner unbegrenzten Offenheit durchdringen. Lassen Sie zu, daß sich die Wahrnehmung des Raumes verändert. Lassen Sie sich von der Dynamik des Raumes und seiner unbegrenzten Offenheit erfassen.

Führen Sie dazu folgende Übungen aus: Stellen Sie sich vor ein geöffnetes Fenster. Der blaue Himmel sollte das gesamte Blickfeld einnehmen. Die Augen sind offen, der Mund ist etwas geöffnet.

Atmen Sie durch Nase und Mund gleichzeitig ein und aus. Wenn Sie einatmen, stellen Sie sich vor, daß der blaue Himmel in Sie hineintritt, wenn Sie ausatmen, daß Ihr Atem mit dem Himmel verschmilzt. Lassen Sie bei der Ein- und bei der Ausatmung den in Sie eintretenden Raum Ihre Gedanken, Gefühle und Wahrnehmungen durchdringen.

Stellen Sie sich vor, daß der blaue Himmel vor Ihnen, über Ihnen und hinter Ihnen (Sie sehen ihn nicht, Sie stellen sich ihn vor) überall in Ihren Körper eintritt. Lassen Sie den Raum in Ihrer Vorstellung beim Ausatmen durch alle Stellen Ihres Körpers wieder in den äußeren Raum zurückkehren. Geben Sie sich ganz dem ungehinderten Fließen hin. Wehren Sie sich nicht gegen die Veränderung, die das Raumerlebnis bei Ihnen bewirkt.

Eine solche Übung kann das Erlebnis vermitteln: Die Raumerfahrung ist wie ein Schwimmen im Meer, ein Unbegrenztsein von Einengungen, es ist ein totales Erlebnis. Ein breiter Erfahrungsstrom geht ungefiltert hindurch. Wenn Sie so die Raumnatur des Geistes erleben, verringert sich Ihre Angst.

Hier noch eine weitere Übung: Stellen Sie sich vor, Sie liegen an einem schönen Sommernachmittag im Gras. Sie spüren das Gras. Sie schauen hinauf zum Himmel. Er ist klar und tiefblau. Sie sehen einen Schmetterling vor Ihnen herfliegen. Sie bewundern seinen leichten Flug. Dann fliegt er davon. Nun sehen Sie einen großen Vogel in der Höhe kreisen. Sie folgen dem Vogel mit Ihren Blicken und dringen immer tiefer in das Blau des Himmels. In weiter Ferne sehen Sie eine Wolke vorbeiziehen. Nach einiger Zeit ist sie Ihrem Blickfeld entschwunden. Sie sehen nur noch den endlosen blauen Himmel. Sie erleben sich selbst als Himmel. Wie der Himmel besitzen auch Sie keine Grenzen. Nun lassen Sie die Vorstellung des Himmels los. Sie geben sich ganz dem hin, was Sie erleben.

Für welche der beiden Raumübungen Sie sich auch immer entscheiden, versuchen Sie, im Alltag die Raumerfahrung ebenfalls abzurufen beziehungsweise den Raum zu ,,entdecken''. In dem Augenblick, in dem Sie die Weite des Raumes bewußt erleben, wird Ihnen die Unendlichkeit Ihres Bewußtseins deutlich. Mit solchen Raumerfahrungen erweitern Sie Ihr Bewußtsein und überwinden die Enge der Angst.

Das Gebet

Jede Religion erkennt einen höchsten Wert an. Die theistischen Religionen nennen diesen Gott, die nicht theistischen Nirvana, Tao, Erleuchtung. Wir können diesen höchsten Wert aber auch ganz allgemein als „Geist“ bezeichnen. Im Christentum, Judentum und Islam wird der individuelle menschliche Pol als Seele dargestellt, der göttliche als der Schöpfer. Im Buddhismus sind die beiden Pole das begrenzte weltliche Selbstbewußtsein und das in jedem Wesen verborgene universelle Bewußtsein, das erst im Zustand der Erleuchtung erlebt wird.

Das Gebet verbindet beide Pole. Dabei findet ein Sichöffnen für die universelle Kraft beziehungsweise Gott in uns und über uns statt. Im Gebet wird eine Verbindung zwischen Mensch und Gott, dem Endlichen und dem Unendlichen, dem Individuellen und dem Universellen angestrebt. In ihm stellen Sie sich auf diese geistige Wirklichkeit ein, die eine Quelle der Kraft und Zuversicht darstellt. Der innere Frieden, der sich im Gebet einstellt, resultiert aus der Verbindung des individuellen Bewußtseins mit Ihrem Tiefenbewußtsein. Das Gebet verhilft dazu, die potentiellen Kräfte der Tiefe in eine lebendige Erfahrung zu verwandeln.

Im Christentum ist das diskursive Gebet das häufigste. Dabei hat das verstandesmäßige Nachdenken einen großen Anteil, das lateinisch „discursus“ (Betrachtung, Überlegung) genannt wird. In diesem Diskurs vertieft das Denken die Glaubenswahrheiten. Diese Form des Gebets wollen wir als das gegenständliche Gebet bezeichnen. Voraussetzungen für die Wirkung dieses Gebets sind:

- Sie bejahen die geistige Kraft als die höchste Kraft in Ihrem Leben und versuchen, sich ganz darauf einzustellen.
- Sie sind sich bewußt, daß Sie in diesem Geist für alle Zeit Geborgenheit finden, ganz gleich, welche Probleme Sie in der äußeren Wirklichkeit haben.

– Sie wissen, daß sich durch die innere Stimme die unendliche Kraft des Geistes offenbart.
– Sie danken für den Geist in Ihnen.

Im Buddhismus erfolgt die Hingabe an das Ideal in einem Gebet, das als „Zuflucht" bezeichnet wird. „Ich gebe mich ganz und ohne Einschränkung den Erleuchteten und ihren geistigen Söhnen hin. Ich nehme meine Zuflucht zu seiner Lehre (dem von allen Erleuchteten verkündeten Gesetz) ..."

Der Christ kann sagen: „Herr Jesus Christ, erfülle mich ganz mit der Kraft des höchsten Heils ..."

Ganz gleich, welche religiöse Einstellung Sie haben: Wenn Sie sich der geistigen Wirklichkeit überantworten, verlieren Sie tiefste Ängste, da Sie sich geborgen fühlen.

Eines der beeindruckendsten Gebete des heiligen Franz von Assisi lautet:

O Herr, mache mich zum Werkzeug deines Friedens!
Wo Haß ist, laß mich Liebe säen,
Wo Unrecht herrscht, da laß mich Verzeihung bringen,
Wo Irrtum ist, laß mich Wahrheit zeigen,
Wo Zweifel wohnt, laß mich Glauben bringen,
Wo Verzweiflung herrscht, laß mich Hoffnung geben,
Und wo Dunkel herrscht, da laß mich Licht bringen,
Wo Trauer ist, da Freude!

O Herr gib, daß ich nicht nach Trost suche, sondern tröste
Daß ich mehr verstehe, als daß ich verstanden werde,
Daß ich mehr liebe, als daß ich geliebt werde,
Denn durch Geben empfangen wir
Durch Vergeben wird uns vergeben
Und durch das Sterben nur erwachen wir zum ewigen Leben.

Wenn die Seele über längere Zeit im gegenständlichen Gebet mit den geistigen Wahrheiten vertraut gemacht und das Herz innerlich davon berührt wurde, können die geistigen Überlegungen ganz aufhören. Diese andere Gebetsweise – das übergegenständliche Gebet – ist gekennzeichnet durch Ruhe und Sammlung und vollzieht sich im Seelengrund als innere Erfahrung.

Der Mystiker Johannes Tauber hat auf die Notwendigkeit des vertieften, sich im Seelengrund vollziehenden Gebets hingewiesen. Nach ihm seien die äußeren Weisen des Gebets mit Zisternen zu vergleichen, in die von außen her – durch Regen oder Menschenhand – Wasser hineingebracht werde. Das sei aber ein stehendes Gewässer und werde allmählich faul. Die andere meditative, im Seelengrund vollzogene Art des Gebets dagegen gleiche dem Quellwasser, das unmittelbar aus dem Berg komme und stets frisch sei. Wer es gekostet habe, finde keinen Geschmack mehr am Wasser aus der Zisterne.

Das Gebet sollte eine tiefere Stufe erreichen und vertieft und meditativ erfolgen. Dazu eignet sich die bereits erwähnte Meditation. Dabei wird das Ich durchlässig für das Erleben geistiger Wahrheiten. Sie erfahren anstelle des gesprochenen Wortes innere Schauungen.

Eine richtungsgebende Kraft, die sich in unserem Bewußtsein und in der gesamten Entwicklung organischen Lebens offenbart, ist eine der grundlegenden Gedanken und Erfahrungen des Christentums und des Buddhismus. Der Jesuit Teilhard de Chardin nennt das Ziel den Punkt Omega, nämlich Christus. Für den Buddhisten bezeichnet es den Zustand der Erleuchtung, der Ganzwerdung. So sind Gebet und Meditation Mittel, die Wirkkraft des Geistes mehr in Erscheinung treten zu lassen. Und dies löst den Menschen aus seinen tiefsten Ängsten.

Angstfreiheit durch Gelassenheit

Viele Ängste entstehen dadurch, daß an Problemen festgehalten wird. Loslassen ist deshalb ein Weg, Ängste zu verringern. Vielleicht wenden Sie ein: ,,Wenn ich wüßte, was passiert, dann könnte ich leichter loslassen." Doch niemand kann genau vorhersagen, was sich ereignen wird. Unsicherheit ist eine Lebensrealität, die es zu akzeptieren gilt. Nichts kann im Leben festgehalten werden. Alles ist im Fluß.

Loslassen hat nichts mit Gleichgültigkeit, Oberflächlichkeit oder gar Dickfelligkeit zu tun. Gelassenheit erfolgt durch Loslassen. Doch je mehr Sie sich zur Gelassenheit zwingen, um so weniger stellt sie sich ein.

Wer nicht loslassen kann, der grübelt zwanghaft über seine Probleme, kämpft verbissen und nicht spielerisch und nimmt alles sehr ernst. Ihm gelingt es noch nicht einmal für kurze Zeit, dem Druck, unter den er sich selbst setzt, zu entkommen. Wenn Sie loslassen, vermögen Ihre Energien frei zu fließen. Teilzunehmen an dem großen Energiefluß des Lebens ist die größte Befriedigung, die es gibt. Vermögen Sie ab und zu loszulassen, dann können Sie Ihre Ziele gleichsam spielerisch erreichen.

Lassen Sie los, vermögen Energien frei und ungehindert in Sie hinein- und wieder auszutreten. Dann blockieren Sie nicht den Fluß des Lebens. So treten Sie in Kontakt mit Ihrem Tiefenbewußtsein und Ihrem Selbst.

Gelassenheit kann sich nur entwickeln, wenn Sie Ihre Emotionen zu ihrem Recht kommen lassen und sie nicht unterdrücken. Nur dann entwickeln Sie sich zur Ganzheit und die Energien können frei strömen.

Loslassen bringt Sie auch dazu, selbstsicher zu sein. Sich seiner selbst sicher zu sein bedeutet, sich für kurze Zeit von allem anderen außer dem Selbst zu lösen.

Eine Hilfe, um loszulassen, ist die bereits erwähnte Meditationsmethode. Wenn Sie sie praktizieren, werden Sie auf ganz natürliche Weise vom Energiefluß und einer elementaren Wirklichkeit getragen. Sie brauchen sich nicht bemühen, Ängste zu besiegen, Sie haben nur loszulassen.

Hier einige der größten Hindernisse, die das Loslassen vereiteln:

– Sie versuchen Anerkennung zu gewinnen. Sie orientieren sich dabei nicht an den Zielen Ihres Inneren, sondern an den Wertvorstellungen der Gesellschaft. Deshalb gibt Ihnen das Erreichen der Ziele keine innere Befriedigung, und Ihr Bedürfnis akzeptiert zu werden wird nicht gestillt. Sie befinden sich in einer Zwickmühle.
– Ihr Ego will immer in eine andere Richtung als der göttliche Geist in Ihnen.
– Sie erkennen nicht, wie die universellen geistigen Gesetze Ihr Leben bestimmen, oder Sie möchten sie nicht akzeptieren.
– Sie wollen sich den notwendigen Veränderungen nicht anpassen und leisten Widerstand. Manche Menschen rennen mit dem Kopf gegen die Wand, da sie sich gut fühlen, wenn sie damit aufhören.

Nur wenn Sie sich von den Hindernissen trennen, wird es Ihnen leichter fallen, loszulassen.

Die Naturerlebnisse

Der heutige Mensch steht nicht mehr in direktem Kontakt mit der Natur, er lebt ein Leben aus zweiter oder dritter Hand. Er sitzt vor dem Fernseher und nimmt Konserveninformationen auf, bucht vorgefertigte Ferien, während er sonst programmierte Arbeiten verrichtet. Der Mensch lebt in einer künstlichen Welt, in der die Realität des Lebens verdrängt und ausgeschlossen ist. Geburt, Krankheit und Tod werden an den Rand des Lebens geschoben. Die Bindung zum wirklichen Leben ist schon längst erloschen. Die meisten Menschen verhalten sich wie Tiere, die nie aus dem Stall kommen.

Aufgaben, Wettbewerb und Konsumdenken führen zu einer Zersplitterung des Menschen, die ihn von der Natur und der Lebensrealität trennt.

Wenn sich das Ich immer starrer mit den vorgegebenen Strukturen der Gesellschaft identifiziert, unterdrückt es Wahrnehmungen aus den feinen Bereichen des Bewußtseins. Es ist wie bei einer Pause neben einer Autobahn. Der Krach des Verkehrs übertönt die sanften Stimmen der Natur, der Insekten, der Vögel und das Rauschen des Windes in den Bäumen. Wenn Sie die Schönheit der Natur erleben, kommen Sie mit etwas in Berührung, das außerhalb Ihres Ichs liegt. Sie öffnen die Tore zu tieferen Schichten des Bewußtseins. Die Naturerlebnisse führen Sie zu einer gesteigerten Wahrnehmungsfähigkeit und Aktivität. Sie nehmen subtile Ordnungen von großer Dynamik wahr und entwickeln ein Gefühl für die Einheit in Ihrem Leben.

Rainer Maria Rilke schreibt mir aus der Seele, denn er sagt: „Ich lerne sehen, ich weiß nicht, woran es liegt, es geht alles tiefer in mich ein und bleibt nicht an der Stelle stehen, wo es sonst immer zu Ende war. Ich habe ein Inneres, von dem ich nichts wußte, alles geht jetzt dorthin. Ich weiß nicht, was dort geschieht."

Das Empfinden für subtile Ordnungen hinter der greifbaren Realität habe ich intensiv in der Wüste erfahren. Obwohl die Wüste auf den ersten Blick leer erscheint, werden Sie bald Prozesse entdecken, in denen sich sehr subtile Ordnungen offenbaren. Das ist beispielsweise der Fall beim Wachstum der Dünen und dem Leben der Pflanzen- und Tierwelt. In der Natur fällt die Enge fremder und unnatürlicher Ordnungen von Ihnen ab. Weil Sie sich dort an nichts wie Besitz und Status anklammern können, werden Sie ganz auf sich selbst geworfen. Sie kommen mit sich in tiefe Berührung, Sie werden eins mit dem Rhythmus der Natur. Vergangenheit, Gegenwart und Zukunft werden eins. Sie nehmen teil am Mysterium des Lebens. Ihr Bewußtsein kehrt zu einer fließenden, subtilen Ordnung zurück. Solche Erfahrungen vermitteln Ihnen eine große Geborgenheit, und tiefe Ängste lösen sich auf.

Was können Sie tun, um faszinierende Naturerlebnisse zu haben? Verbringen Sie einen Urlaub in einer landschaftlich sehr schönen Gegend. Gestalten Sie die Reise so, daß auch einige

Übernachtungen im Zelt stattfinden. Oder nächtigen Sie im Schlafsack unter freiem Himmel. Die Übernachtung in dem „Hotel der vielen tausend Sterne" wird Ihnen unvergeßlich bleiben. Die Natur ist besonders bei Sonnenaufgang und bei Sonnenuntergang faszinierend. Lassen Sie sich von den Farbspielen des Lichtes ergreifen.

Warten Sie mit den Naturerlebnissen nicht bis zum nächsten Urlaub. Spazieren Sie durch den Wald oder den Park. Lassen Sie sich ganz von der Natur durchdringen. Berühren Sie einen Baum und spüren Sie seine Lebenskraft. Schauen Sie auf die Pflanzen und versuchen Sie zu erspüren, was die Pflanzen zum Ausdruck bringen. Ergreifen Sie einen Stein und nehmen Sie die Ewigkeit war, die er ausdrückt. Fühlen Sie sich mit ihm verbunden. Stellen Sie eine Naturfotografie an Ihrem Arbeitsplatz auf. Vorteilhaft ist, die Natur selbst zu fotografieren, denn das erhöht Ihre Sensibilität.

Schauen Sie am Tag wenigstens für einige Momente aus dem Fenster und betrachten Sie die Bäume oder den Himmel.

Durch das Erleben des Mysteriums in der Natur geben Sie Ihrem spirituellen Selbst die Möglichkeit, mehr in Ihr Bewußtsein zu treten.

Was gilt es zu tun?

Das entscheidende Ziel Ihres Lebens besteht darin, sich als Mensch zur Entfaltung zu bringen. Dieser Prozeß führt zu einem Wohl-Befinden und Wohl-Sein, der außerdem von der Freude am Leben begleitet wird.

Es ist notwendig, daß Sie Ihre Ziele erkennen und richtig anstreben, ganz gleich, auf welcher Stufe Ihres Lebens Sie sich befinden.

Die Angst vor der Vergänglichkeit wächst, wenn Sie ein Leben führen, das ohne Freude und ohne Sinn verläuft.

Es gibt nur einen Weg, alle Ängste zu überwinden. Es gilt, sich von der Ich-Gebundenheit zu trennen und ein Leben als Mensch zu führen.

Ein solches Leben ist etwas ganz anderes, als sich an das Leben zu klammern und es als seinen Besitz zu betrachten. Nötig hierzu ist, alte Handlungen und Ansichten aufzugeben. Wie ein Schmetterling müssen Sie sich in Metamorphosen verändern, sonst gehen Sie an Zwangsjacken zugrunde, die Sie sich selbst oder die Ihnen andere angezogen haben. Nur wenn Sie sich ständig auf den Prozeß des Geborenwerdens einlassen, leben Sie im Seins-Modus und sind nicht damit beschäftigt, seelisch zu sterben. So entwickeln Sie höhere Komplexitäten Ihres Bewußtseins. Zugleich ist Ihre Metamorphose ein Jungbrunnen, der Ihr Leben erneuert.

Wenn Sie ein gewohnheitsmäßiges Verhalten ändern, um Neues zu tun, entstehen zunächst Ängste. Das ist auch schon bei kleinen Schritten der Veränderung der Fall. Nur wenn Sie diese Ängste aushalten und Mut aufbauen, wächst Ihr Vertrauen. Auch die Lust am Wagnis wächst, und Sie erweitern somit die Grenzen Ihres Ichs.

Wenn Sie Ihre Ziele erkennen und sie mutig verwirklichen, erleben Sie bald etwas von der Kraft und Freude, zu der Sie fähig sind. Ihr Wille zur Veränderung, das Erkennen und Anstreben der Ziele durch die Anwendung praxisbewährter Techniken verändert Ihr Leben zum Positiven.

Die von mir im *Institut für Angewandte Psychologie und Unternehmensberatung* (siehe Hinweise am Ende des Buches) durchgeführten Seminare haben schon vielen Menschen dabei geholfen.

Lassen Sie sich auf Ihr eigenes Leben ein. Wachsen Sie an Herausforderungen, die an Sie herangetragen werden. Werden Sie zu dem, worauf Sie angelegt sind. Die Freude, die Sie dabei erleben, motiviert Sie zu weiteren Fortschritten. Sie besitzen ein Urvertrauen zum Leben, sind in sich geborgen und sich Ihrer selbst sicher.

Literaturhinweise

Bahr, H.E; Kast, V.: Lieben, loslassen und sich verbinden, Kreuz Verlag, Stuttgart 1992

Bucke, R.M.: Cosmic Consciousness, Dutton, New York 1968

Dalai Lama: Eine Politik der Güte, Walter Verlag, Olten/Freiburg im Breisgau (2. Auflage) 1992

Fromm, E.: Haben oder Sein, Deutscher Taschenbuch Verlag, München (21. Auflage) 1992

Heisenberg, W.: Der Teil und das Ganze, Piper Verlag, München (5. Auflage) 1981

Hesse, H.: Das Glasperlenspiel, Suhrkamp Verlag, Frankfurt a.M. 1963

Jung, C.G.: Der Mensch und seine Symbole, Walter Verlag, Olten/Freiburg im Breisgau 1981

Kast, V.: Märchen als Therapie, Walter Verlag, Olten 1986

Kübler-Ross, E.: Befreiung aus der Angst, GTB, Siebenstern, Gütersloh 1992

Kübler-Ross, E.; Warshaw, M.: Leben bis wir Abschied nehmen, GTB, Siebenstern, Gütersloh (3. Auflage) 1991

Landmann, S.: Jüdische Witze, Deutscher Taschenbuch Verlag, München (28. Auflage) 1992

Messner, R.: Antarktis, Piper Verlag, München/Zürich (3. Auflage) 1991

Riemann, F.: Grundformen der Angst, Ernst Reinhard Verlag, München 1984

Ryborz, H.: Die geheime Kraft Ihrer Wünsche, Oesch Verlag, Zürich (4. Auflage) 1988

Ryborz, H.: Jeder kann es schaffen, Oesch Verlag, Zürich (3. Auflage) 1988

Ryborz, H.: Wer ist Dein Freund? Wer ist Dein Feind? Wie man Mitmenschen besser erkennt, Oesch Verlag, Zürich (2. Auflage) 1987

Ryborz, H.: Die Kunst zu überzeugen, Ariston Verlag, Genf (3. Auflage) 1983

Ryborz, H.: Wie Sie die universellen Kräfte Ihrer Psyche nutzen, Ariston Verlag, Genf (3. Auflage) 1993

Ryborz, H.: Freundschaft. Der Weg zu Erfolg, Glück und Einfluß, mvg-verlag, München/Landsberg am Lech 1992

Ryborz, H.: Die Kunst, Ihr Leben zu meistern, Goldmann Verlag, München (7. Auflage) 1992

Ryborz, H.: Menschen erkennen, durchschauen, verstehen, Goldmann Verlag, München (2. Auflage) 1992

Ryborz, H.: Das Abenteuer, sinnvoll zu leben, Goldmann Verlag, München 1990

Ryborz, H.: Lebe besser, lebe gern, Goldmann Verlag, München 1989

Schaffer, U.: Wildnis in uns. Kreuz Verlag, Stuttgart 1989

Zorn, F.: Mars, Fischer Verlag, Frankfurt a.M. 1992

Leserdienst

Ich weiß aus Erfahrung, daß eine große Anzahl der Leser meiner Bücher daran interessiert ist, die Techniken zu lernen und zu üben, die zu einem erfüllten Leben führen.

Diese Möglichkeiten bieten Ihnen Wochenendseminare, die im *APU-Institut* durchgeführt werden.

Bei einem solchen Intensiv-Training lernen Sie, wie Sie die Macht Ihres Unterbewußtseins und die großen Möglichkeiten Ihres Tiefenbewußtseins nutzen, um Ihre Ziele zu erreichen. Mit Hilfe der Ihnen beim *Intensiv-Training* vermittelten bewährten Techniken entfalten Sie die in Ihnen verborgenen Kräfte und Fähigkeiten, um an den Herausforderungen des Lebens zu wachsen und Ihre Ziele durchzusetzen. Neben dem Intensiv-Training werden unter anderem auch Seminare mit den Themenschwerpunkten *Meditation* oder *Kommunikationstraining* durchgeführt.

Seit nahezu 20 Jahren sind solche Wochenendseminare von vielen Menschen aus allen Bevölkerungsschichten besucht worden (übrigens werden auch Seminare in der Schweiz angeboten).

Viele Dankschreiben sprechen für den Erfolg der Seminare. Da die Hilfestellung immer auf der Person des Seminarteilnehmers und seiner individuellen Lebensumstände aufbaut, können die Arbeitstechniken besonders gut vermittelt werden.

In Verbindung mit einem Seminar helfen Ihnen ein persönliches Gespräch und eine individuelle Beratung ganz besonders. Der Wunsch ist verständlich, denn nicht jeder Teilnehmer wird, selbst in der besten Atmosphäre der Seminarrunde, all das sagen wollen, was ihn zutiefst bewegt. Das persönliche Gespräch trägt dazu bei, ein Problem zu lösen oder in einer wichtigen Angelegenheit die richtige Entscheidung zu treffen.

Unterlagen über die verschiedenen Seminare werden Ihnen gern kostenlos und unverbindlich zugesandt. Bitte schreiben Sie dazu an die auf Seite 189 genannte Anschrift.

Ihre Persönlichkeitsanalyse

Wissen Sie, daß Sie einzigartig sind? Wissen Sie, worauf Sie angelegt sind? Leben Sie Ihr Leben, oder haben Sie sich durch die Umwelt davon abbringen lassen?

Ihre Persönlichkeitsanalyse ermöglicht Ihnen einen neuen Zugang zu sich selbst. Ein ganz spezifisch auf Sie bezogenes Geburtshoroskop zeigt Ihnen, was anlagenmäßig zu Ihrer Persönlichkeitsstruktur gehört. Für mich, Prof. Dr. Heinz Ryborz, ist die Persönlichkeitsanalyse das aussagekräftigste Verfahren zur Selbsterkenntnis.

Ihr Geburtshoroskop zeigt Ihnen Ihr wahres Wesen und macht Ihnen bewußt, welche besondere Bedeutung Ihr Leben besitzt. Sie erkennen, welche Ihrer Wesenskräfte harmonisch zueinander stehen und welche Herausforderungen und besondere Entwicklungsmöglichkeiten darstellen. Sie erfahren Einzelheiten über Ihre Begabungen, Neigungen, Erfolgsmöglichkeiten, beruflichen Chancen und Ihr Verhalten in Liebe, Ehe usw. Die Aussagen über Sie betragen etwa 10 DIN-A4-Seiten.

Die Persönlichkeitsanalyse Ihres Kindes oder des Partners ermöglicht es Ihnen, mehr Verständnis füreinander zu gewinnen und bessere Beziehungen aufzubauen.

Ihre Persönlichkeitsanalyse hilft Ihnen, Ihren individuellen Weg zur Selbstentfaltung und Persönlichkeitsentwicklung zu gehen.

Teilen Sie dazu *Geburtsdatum, Geburtsstunde und Geburtsort* mit (bitte auch den Namen der in der Nähe gelegenen größeren Stadt). Die Kosten für die Persönlichkeitsanalyse betragen 50,– DM. Versand nur gegen Vorauskasse.

Ihre Partnerschaftsanalyse

Hier noch eine weitere Möglichkeit für Sie: Eine *Partnerschaftsanalyse* Ihrer Liebesbeziehung legt Ihnen die verborgenen Bereiche Ihrer Beziehung zum anderen offen. Die Analyse zeigt, ob Sie sich gegenseitig ergänzen und ob Sie zueinander passen. Sie erfahren, welche Konfliktbereiche und welches Potential gegenseitiger Entwicklung die Beziehung birgt.

Sie können auch eine *Partnerschaftsanalyse* für Kontakte gegenüber anderen wie zum Beispiel *Freunden, Kunden, Eltern, Kindern, Geschäftspartnern* bestellen.

Teilen Sie dazu *Geburtsdatum, Geburtszeit und Geburtsort* (bitte auch den Namen der in der Nähe gelegenen größeren Stadt) beider Partner mit.

Die Kosten für die Partnerschaftsanalyse betragen 110,– DM. Versand nur gegen Vorauskasse.